깊고 더한

영어 구두점의 문법

깁고 더한

영어
구두점의
문법

한학성

채륜

내 수업을 들어준 학생들에게

영어에서 구두점은 무시해도 좋은 부호가 아니다. 각
구두점은 저마다 고유한 기능과 의미를 가지고 있다. 따
라서 영어 텍스트를 읽을 때 해당 구두점이 뜻하는 바와 사용된 이유
를 정확히 이해할 수 있어야 한다. 영어로 글을 쓸 때도 필요한 곳에
적절한 구두점을 제대로 사용할 수 있어야 한다. 그러나 우리나라에
서는 이에 대한 인식이 매우 부족하다.

이는 물론 우리나라 영어교육이 정답 고르기 중심으로 이루어지
기 때문이다. 이런 상황에서는 영어로 글을 쓰는 훈련이 제대로 이루
어지기 어렵다. 그 때문에 영어 구두점을 제대로 사용하는지 여부가
영어교육과정을 통해 중요하게 취급되고 점검되기 어렵다. 우리 영어
교육이 독해 중심이라고는 하지만, 독해 과정에서도 구두점이 의미에
기여하는 바는 대체로 무시되는 것이 현실이다.

이 책에서는 영어 구두점이 의미에 중요한 역할을 할 뿐 아니라,
영어 표현의 문법성 및 명확성에도 긴요한 역할을 할 수 있음을 보이
고자 한다. 이를 통해 영어 구두점이 영어 글의 정확한 이해와 구사를
위해 반드시 익혀야 할 사항임을 보여주고자 한다. 그 바탕 위에 영어
구두점 사용에 대한 상세한 설명을 제공하고자 한다.

이 책이 처음 세상에 나온 것은 2012년이었다. 이번 개정판에서는
그동안 아쉬웠던 부분을 집중적으로 손보았다. 아무쪼록 이 작업이
우리나라 영어교육계의 사각 지대로 남아 있는 구두점에 대한 학계의
관심을 높이는 계기가 되었으면 한다.

2017년 봄
가락골에서 지은이

차례

‘

1장

구두점의 중요성

,

다음과 같이 쓰인 영어 문장을 쉽게 알아볼 수 있을까?

bookshavetheirowndestiny

쉽지 않을 것이다. 띄어쓰기가 전혀 되어 있지 않기 때문이다. 그렇다고 불가능할 정도는 아니다. 눈썰미가 좋은 사람은 위의 문장이 다음과 같은 단어들로 구성되어 있음을 알아차릴 수 있을 것이다.

books have their own destiny

이제 뜻은 드러난다. 이는 영어에서 띄어쓰기를 제대로 하지 않으면 뜻이 제대로 전달될 수 없음을, 즉 의사소통이 제대로 이루어질 수 없음을 의미한다.

참고 "Books have their own destiny"(책에도 각자의 운명이 있다)라는 말은 "Habent sua fata libelli"라는 라틴어 표현을 영어로 옮긴 것이다. AD 2세기에 활동한 문법학자 테렌티아누스 마우루스Terentianus Maurus가 한 말로 원래는 다음과 같이 좀 더 긴 표현이었다.

Pro captu lectoris habent sua fata libelli.
(= According to the capacity of the reader, books have their own destiny.)

읽는 사람의 능력에 따라 그 책의 운명이 결정된다는 뜻이다. 다시 말해 책은 비록 저자가 쓴 것이기는 하지만, 그 책의 운명은 어떤 독자를 만나느냐에 따라 결정된다는 뜻이다. 책은 저자의 손을 떠나는 순간, 자신의 운명을 결정해줄 독자를 기다린다는 뜻도 될 것이다. 이 책도 그러할 것이다. 이 책이 어떤 곳에서, 어떤 독자들에 의해, 어떤 운명을 맞게 될지 궁금해진다.

참고자료

1911년 한국인이 최초로 저술한 영문법 책인 이기룡의 『중등영문전』 서문. 당시 한성외국어학교 학감이던 이능화가 쓴 이 서문에는 띄어쓰기가 전혀 되어 있지 않다. 한국어에서도 띄어쓰기를 하지 않으면 뜻을 제대로 파악하기 어렵다.

이제 다음을 보자.

manisatoolusinganimal

역시 눈썰미가 좋은 사람은 이 문장이 다음과 같은 단어들로 구성
되어 있음을 알아차릴 것이다.

man is a tool using animal

뜻은 어떤가? 사람에 따라 위의 문장의 의미가 쉽게 들어오는 사
람도 있고, 또 잘 들어오지 않는 사람도 있을 것이다. 의미가 잘 들어
오지 않는 사람들 중에는 위의 문장을 "사람은 동물을 사용하는 도구
이다"라는 식으로 잘못 이해한 사람들도 있을지 모르겠다. 그렇다면
이제 다음에서와 같이 'tool'과 'using' 사이에 덧금(=하이픈)을 첨가
해 보자.[1]

man is a tool-using animal

....

[1]   구두점 중에는 적절한 우리말 용어를 찾지 못해 영어 용어를 그대로 쓰는 것들이 있
   다. '하이픈'도 그 중 하나이다. 본서에서는 우리말화하지 못한 일부 구두점들의 명칭
   에 대해 다음과 같은 우리말 명칭을 사용하고자 한다.

       콜론(:) = 겹점
       세미콜론(;) = 반겹점
       어포스트로피(') = 올린쉼표
       하이픈(-) = 덧금
       대시(—) = 긴덧금

   아울러 '이탤릭체'라는 영어 용어 대신 '기울임체'라는 우리말 용어를 사용하고자 한
   다 (cf. 한학성 2007).

훨씬 뜻이 분명하게 전달될 것이다 (물론 이를 영어 표기법에 맞게 쓰자면 'man'의 첫 글자를 대문자로 써야 하고, 문장 끝에는 마침표를 찍어야 한다). 이는 구두점이 문장의 의미를 명확히 하는 데 중요한 역할을 함을 보여준다.

이제 다음 예를 더 보도록 하자.

His first project will be a complete redesign of time.

뜻이 분명히 들어오는가? 위의 문장에서 'time'을 'redesign'한다는 말이 무슨 뜻일까? 물론 과학자들이라면 그런 일을 할 수 있을지도 모른다. 그러나 위의 문장에서 'time'은 『타임』이라는 잡지를 가리키는 말로 쓰였다. 글쓴이의 이런 의도를 나타내기 위해서는 'time'의 첫 글자를 대문자로 쓰는 것뿐 아니라 이탤릭체, 즉 기울임체로 표시해야 한다. 즉 위의 문장은 다음과 같이 써야 한다.

His first project will be a complete redesign of *Time*.

다음에서도 마찬가지이다. 'time'을 그대로 놓아두고서는 『타임』지에서 실시한 새로운 여론조사라는 뜻이 드러나지가 않는다.

In the new time survey, Americans say the President is performing poorly and the Country is on the wrong track.

이를 다음과 같이 대문자쓰기 및 기울임체 표시를 한 문장과 비교해 보라.

In the new *Time* survey, Americans say the President is performing poorly and the Country is on the wrong track.

뜻이 분명히 들어오지 않는가? 이는 영어로 글을 쓸 때, 구두점, 대문자쓰기, 기울임체 표시 등이 의미에 중요한 기여를 함을 보여주는 것이다.

그럼에도 불구하고, 우리나라 영어교육에서는 구두점이 별로 중요하게 취급되지 않는다. 이는 말 중심의 영어교육을 행한다는 오늘날뿐 아니라, 문법번역식 영어교육이 행해졌던 과거에도 마찬가지였다. 이는 또한 초중등 영어교육 현장에서뿐 아니라, 영어영문학과나 영어교육과처럼 영어 전문가를 양성한다는 대학 교육에서도 마찬가지이다. 대부분의 한국인에게 영어 구두점은 고민의 대상 자체가 되지 않으며, 배울 필요조차 느껴지지 않는 대상인 것이다.

이는 무엇보다도 우리의 영어교육이 영어 "사용"을 요구하지 않는 반쪽짜리 영어교육이기 때문이다. 우리의 영어교육이 영어로 글을 쓰는 기능에 거의 관심을 두지 않고 있기 때문에, 영어 글쓰기의 중요한 부분인 구두점이 아예 무시되고 있는 것이다.

그렇다고 해서 영어 구두점이 글쓰기에만 요구되는 것은 아니다. 영어 구두점은 영어로 된 글의 이해 여부에도 영향을 미칠 수 있다. 그러므로 영어의 구두점을 제대로 익히지 않고서는 영어로 된 글을 제대로 이해하거나 표현하는 데 지장을 받을 수도 있게 되는 것이다.

이제 영어의 구두점이 의미 파악에 어떻게 영향을 줄 수 있는지부터 알아보기로 하자.

1.
영어 구두점과 의미

앞에서 언급하였듯이 영어 구두점이 의미 결정에도 중요한 역할을 할 수 있는데, 본 절에서는 이에 대해 논하기로 한다.

1.1.
문장 종결 부호와 의미

다음과 같은 표현의 의미는 그 자체로는 불분명하다.

agreed

구두점이 빠져 있기 때문이다. 위의 표현에는 최소한 다음의 두 가지 구두점이 가능하다.

Agreed.

Agreed?

평서문인지 의문문인지가 마침표나 물음표 등의 구두점에 의해 결정되는 것이다. 그렇다고 해서 말을 할 때, 마침표나 물음표를 발음하는 것은 아니다. 말하는 사람이 어떤 어조로 이야기했느냐에 따라 평서문인지 의문문인지가 결정되는 것이고, 구두점은 바로 그 어조가 나타내는 의미를 표시하는 수단일 뿐이다. 그런 점에서 구두점은 철자spelling만으로 포착하기 어려운 영어 소리의 의미를 효과적으로 나타내주는 장치라고 할 수 있다.

이제 다음의 예를 보도록 하자.

he is a doctor however he is not the right person

위의 표현은 일단 다음과 같은 의미를 가질 수 있다.

He is a doctor. However, he is not the right person.

그런데 같은 표현이 다음과 같은 구두점 표시를 갖게 되면 의미가 달라진다.

He is a doctor, however. He is not the right person.

이 역시 같은 단어의 나열이라도 문장 종결 부호가 어디에 붙느냐에 따라 의미가 달라질 수 있음을 보여주는, 즉 구두점이 의미에 중요한 역할을 할 수 있음을 보여주는 것이다.

1.2.
쉼표와 의미

다음의 예는 쉼표가 분명한 의미를 전달하고 있음을 보여준다.

John Smith had a son who became a priest.

John Smith had a son, who became a priest.

위의 경우에서처럼 관계대명사 'who' 앞에 쉼표가 없으면, 'John Smith'에게 또 다른 아들이 있을 가능성이 존재한다. 그러나 아래 문장에서처럼 'who' 앞에 쉼표가 있으면 (소위 관계대명사의 비제한적 용법, cf. Jespersen 1933/1956 p. 357f), 이때는 'John Smith'에게는 아들이 하나밖에 없는데 바로 그 아들이 사제가 되었다는 뜻이 된다. 위두 문장의 의미 차이는 바로 쉼표 여부에 기인하는 것으로, 이는 결국구두점이 중요한 의미적 정보를 전달할 수 있음을 보여주는 것이다.

또한 사람 이름을 영어로 표기할 때, 쉼표를 잘못 사용하면 성과이름이 뒤바뀌게 된다. 예를 들어 '홍길동'이란 이름을 영어로 쓸 때다음과 같이 쓰면, 쉼표 앞의 'Gildong'이 성이 된다.

Gildong, Hong

따라서 쉼표를 사용하려면 다음과 같이 써야 된다.

Hong, Gildong[2]

한글 이름을 영어로 표기할 때 어떻게 쓰는 것이 좋은지는 복잡한논의를 요하며 본서의 중심 주제는 아니므로 피하기로 하겠다. 단지

....

2   이러한 방식은 주로 인명사전이나, 백과사전의 인명 항목에서 사용하는 방식이다.

쉼표 하나가 성과 이름을 뒤바뀌게 할 수도 있다는 점만, 다시 말해 쉼표가 의미에 영향을 줄 수도 있다는 사실만 강조하기로 하겠다.[3]

Kennedy, John Fitzgerald. 1917–1963. The 35th Presi the United States (1961–1963). A U.S. representative (1947 and senator (1953–1960) from Massachusetts, he beca youngest man elected to the presidency (1960). Kennedy a the failed invasion of the Bay of Pigs (1961) and forced shchev to remove Soviet missiles from Cuba (1962). He tablished the Peace Corps (1961). Kennedy was assassin Dallas, Texas, on November 22, 1963.
Kennedy, Joseph Patrick. 1888–1969. American ban industrialist who served as ambassador to Great Britain 1940). With his wife, **Rose Fitzgerald Kennedy** (born 1 raised nine children, three of whom became prominent poli
Kennedy, Robert Francis. 1925–1968. American po who served as U.S. attorney general (1961–1964) during t idency of his brother John F. Kennedy. He was elected to t ate (1964) and was campaigning for the presidency when assassinated in Los Angeles.

John F. Kennedy

*The American Heritage Dictionary of the English Language*에 수록된 John F. Kennedy에 대한 설명. 성인 'Kennedy'를 먼저 쓰고 쉼표를 한 후 이름인 'John Fitzgerald'를 썼다.

다음의 예도 쉼표가 의미에 영향을 줄 수 있음을 보여준다.

on that day only new applicants can call in person

즉 위의 표현은 쉼표의 위치에 따라 다음의 두 가지 의미를 가질

....

3 한글 이름을 영어로 적을 때 이름에 덧금(하이픈)을 사용할지와 성과 이름의 순서를 어떻게 하는 것이 좋을지에 대한 논의가 대두된다. 그런데 여러 가능성 중에서 본문에서 예로 든 것처럼 이름을 먼저 쓰고 쉼표를 한 후 그 다음에 성을 쓰는 것이 가장 나쁜 방법이다.

수 있다.

On that day, only new applicants can call in person.

On that day only, new applicants can call in person.

이 역시 쉼표가 문장의 의미에 영향을 줄 수 있음을 보여주는 것
이라고 할 수 있다.

1.3.
올린쉼표(어포스트로피)와 의미

다음의 예는 올린쉼표(어포스트로피)의 위치 차이로 'John'과
'Mary'가 부부 사이인지 여부가 결정됨을 보여준다.

John and Mary's children

John's and Mary's children

즉 'John'에는 올린쉼표가 없고 'Mary'에게만 올린쉼표가 있을
때는 'children'이 'John'과 'Mary' 두 사람 공동의 'children'이 된다
(cf. 올린쉼표의 공동 소유joint possession 표시). 따라서 'John'과 'Mary'

는 부부 사이가 된다.[4] 이에 비해 'John'과 'Mary'에 각각 올린쉼표가 사용되면, 'children'은 'John'과 'Mary' 각각의 아이들의 집합이 된다 (cf. 올린쉼표의 개별 소유individual possession 표시). 따라서 'John'과 'Mary'는 부부 사이가 아니게 된다.

이는 올린쉼표에도 중요한 의미가 부착될 수 있음을 보여주는 것이다.

1.4.
덧금(하이픈)과 의미

다음 예를 보도록 하자.

The meeting was attended by forty odd professors.

위의 문장은 그 모임에 참석한 교수는 40명인데, 그 40명이 이상하다odd는 뜻을 일차적으로 갖는다. 즉 'forty'는 'odd professors'를 수식한다. 그런데 다음에서와 같이 'forty'와 'odd' 사이에 덧금(하이픈)을 넣으면 뜻이 전혀 달라진다.

The meeting was attended by forty-odd professors. (cf. Allen p. 18)

....

4　"John and Mary's children"에서 접속사 'and'로 연결된 것이 [John]과 [Mary's children]일 수도 있으나, 이것이 본문에서의 논지에 아무런 영향을 주지 않으므로 논의를 생략하기로 한다.

이때는 'odd'가 앞의 숫자 'forty'와 결합해 '40여명'의 뜻이 된다. 따라서 그 모임에 참석한 교수들이 이상한지 여부는 전혀 표현되지 않는다.[5] 이와 같이 덧금 하나가 문장의 의미를 현저하게 다르게 만들 수 있다.

1.5.
겹점(콜론)과 의미

다음과 같이 겹점(콜론)을 포함하는 영어 문장을 어떻게 우리말로 번역해야 할까?

Americans sometimes say that it is dangerous to talk about two topics: religion and politics.

혹시 다음과 같은 번역을 염두에 둔다면, 그것이 얼마나 자연스럽게 들리는지 다시 한 번 생각해보기 바란다.

미국인들은 때때로 두 가지 주제에 관해 이야기하는 것이 위험하다고 말한다: 종교와 정치.

위와 같은 번역은 우리말로는 대단히 어색하다. 이는 영어의 겹점이 전달하고자 하는 의미를 우리말로 제대로 표현하지 못해서 생긴

5   이와 같은 의미를 나타낼 때에도 덧금을 사용하지 않는 경우가 있기는 하다.

현상이다. (실제로 국내 번역서에서는 원문의 겹점을 그대로 사용한 어색한 번역이 자주 등장한다.) 영어의 겹점은 기본적으로 겹점 앞부분의 어떤 요소와 겹점 뒷부분을 연결해주는 기능을 한다. 따라서 이 둘 간의 연결이 제대로 표시되지 않은 위와 같은 번역은 잘못된 번역이라고 할 수 있다. 원래의 영어 문장에서 겹점 뒤의 "religion and politics"는 앞의 "two topics"와 연결시켜야 한다. 따라서 "two topics"를 "다음의 두 주제" 혹은 "종교와 정치의 두 주제" 등으로 번역하던지, "religion and politics"를 "그 두 주제는 종교와 정치이다"라는 식으로 번역해야 자연스럽게 들린다. 다음은 그 둘을 연결시킨 번역의 예이다.

> 미국인들은 때때로 다음의 두 주제에 관해 이야기하는 것이 위험하다고 말한다. 그 두 주제란 바로 종교와 정치이다.

> 미국인들은 때때로 종교와 정치라는 두 주제에 관해 이야기하는 것이 위험하다고 말한다.

다음 예들도 유사한 경우인데, 앞 문장에서는 겹점 뒤의 "finding a thesis"를 겹점 앞의 "the first lesson"과 연결시켜 해석해야 하며, 뒤의 문장에서는 겹점 뒷부분을 겹점 앞의 "three main kinds of sentences"와 연결시켜 해석해야 한다.

> The first lesson is perhaps the most important one in the book: finding a thesis.

> There are three main kinds of sentences: simple, compound, and complex.

또한 편지에서도 다음에서 보는 바와 같이 겹점 여부가 친소 관계를 나타낼 수 있다.

Dear Mom,

Dear Sir:

격식을 갖출 필요가 없는 절친한 사이의 편지에서는 일반적으로 'Dear 표현' 다음에 쉼표를 사용한다. 그에 비해 격식을 갖추어 쓰는 편지에서는 일반적으로 'Dear 표현' 다음에 겹점을 사용한다. 그런 점에서 구두점이 실제 단어에 의해 명시적으로 표현되지 않는 추가 의미를 나타내준다고 할 수 있다.[6]

1.6.
기울임체(이탤릭체)와 의미

다음 문장의 의미에 대해 생각해보자.

Relative clauses with which need special care.

혹자는 이 문장을 "특별히 조심해야 하는 관계절"이라는 의미쯤으로 이해했는지도 모르겠다. 만일 그런 의미를 의도했다면, 전치사

---

6   사람에 따라 이러한 구분을 따르지 않기도 한다 (cf. Shaw p. 61).

'with'는 불필요했을 것이다.

위의 문장에서 주어는 "Relative clauses with which"이고 여기서 'which'는 관계 대명사 중의 하나인 'which' 자체를 지칭한다. 따라서 글쓴이가 의도한 것은 "which를 포함하는 관계절은 특별히 조심해야 한다"는 뜻이다. 그리고 그런 의도를 나타내기 위해서, 즉 'which'가 그 단어 자체를 지칭하게 하기 위해서, 'which'는 다음과 같이 기울임체(이탤릭체)로 써야 한다.

Relative clauses with *which* need special care.

즉 영어에서 기울임체를 사용할 때는 특별한 이유가 있으며, 그 의도를 제대로 파악하지 못하면 엉뚱한 해석을 할 수도 있다는 것이다. 다음의 예들도 마찬가지 점을 보여준다.

Note that you cannot use *that* in this type of clause.

Use *little* with things that cannot be counted. Use *few* with countable things.

No was used before consonants and *none* before vowels.

It was understood that *a* was a weakened form of *one*, and that *the* derived from *that*.

As well as linking two main clauses, *and* and *or* can link subordinate clauses.

이제 다음의 두 문장을 비교해 보자.

Hamlet has appeared on screen more often than any other
Shakespeare play.

Laertes cynically presumes that Hamlet's affection for
Ophelia cannot be serious.

위의 두 문장에 모두 'Hamlet'이 사용되었다. 그런데 앞 문장에서의 'Hamlet'은 셰익스피어의 희곡 작품 『햄릿』을 가리키고, 뒤 문장에서의 'Hamlet'은 그 작품의 주인공 '햄릿'을 가리킨다. 이 차이를 나타내기 위해 작품을 나타내는 'Hamlet'은 다음과 같이 기울임체로 써야 한다.

Hamlet has appeared on screen more often than any other
Shakespeare play.

이와 같이 영어에서 책 등의 제목을 나타낼 때는 기울임체를 사용한다. (이때 제목의 대문자쓰기에도 유의를 해야 하는데, 명사, 대명사, 동사, 조동사, 형용사, 부사, 종속접속사 등은 첫 글자를 대문자로 쓰고, 관사, 전치사, 등위접속사 등은 소문자로 쓴다.[7] 또 첫 번째 단어는 어떤 품사라도 항상 대문자로 시작한다.)
다음은 책 제목을 기울임체로 표시함을 보여주는 예들이다.

....

7   전치사 중에 긴 전치사는 대문자로 쓴다. 자세한 내용은 4장 2절을 참조할 것.

The Great Gatsby was published on 10 April 1925.

Romeo and Juliet is Shakespeare's love tragedy of youth as *Anthony and Cleopatra* is his love tragedy of middle age.[8]

이에 반해 짧은 글이나 시의 제목, 노래 제목 등은 따옴표를 둘러 표시한다. 즉 같은 제목이라도 기울임체를 사용하는지 따옴표를 사용하는지에 따라 그 제목이 지칭하는 대상의 내용이 달라질 수 있다는 점에서 이들이 중요한 의미적 정보를 내포하고 있다고 할 수 있다.

다음은 단편 소설의 제목이나 시의 제목을 따옴표로 표시함을 보여주는 예이다.

O. Henry wrote "The Gift of the Magi" in 1905.

"The Road Not Taken" is surely one of Robert Frost's most familiar and most famous poems.

이제 다음의 예를 보자.

The Sound of Music is a 1965 film directed by Robert Wise.

---

8 잡지 제목이나 신문 제목도 기울임체로 표시한다. 다음은 그 예들이다.

   Newsweek is an American weekly news magazine published in New York City. (*Newsweek* = 미국의 시사 주간지 이름)

   USA Today published a report on the state of the environment in the United States. (*USA Today* = 미국의 일간지 이름)

It contains many popular songs including "Edelweiss" and "The Sound of Music."

위에서 볼 수 있는 바와 같이 동일한 제목이라도 영화 제목일 경우에는 기울임체로 쓰고, 노래 제목일 경우에는 따옴표를 둘러 표시한다. 그러므로 문맥상 그것이 무엇을 지칭하는지에 대한 힌트가 없을 경우에는, 그것에 어떤 표시가 되어 있는지에 따라 그것이 지칭하는 바를 알아내도록 해야 한다.

교향곡, 오페라, 미술 작품, 조각 작품 등의 이름도 다음에서 보는 바와 같이 기울임체를 사용한다.

In his third symphony, the *Eroica*, Beethoven revealed the ideal of heroism that he thought Napoleon symbolized. (교향곡 이름)[9]

Verdi produced a remarkable series of masterpieces, including *Rigoletto*, *Il Trovatore*, *La Traviata*, and *Aida*. (오페라 이름)

Millet is famous for a few paintings, such as *The Gleaners*, *The Man with the Hoe*, and *The Angelus*. (미술 작품 이름)

....

9   이에 비해 상대적으로 길이가 짧은 음악 작품의 이름은 따옴표를 둘러 표시한다.

  예: Beethoven also wrote 14 piano sonatas, including the so-called "Moonlight" sonata.

The Thinker is Auguste Rodin's most noted work. (조각 작품 이름)

2.
구두점과 문법성

영어에서는 구두점 여부가 해당 문장의 문법성에 결정적 영향을 주는 경우도 있다. 본 절에서는 이에 대해 살펴보기로 한다.

2.1.
관계대명사의 비제한적 용법의 경우

다음에서와 같이 관계대명사의 선행사가 고유명사인 경우에는 원칙적으로 쉼표를 사용하여야 한다.

Constantine I, who became emperor in 306, ruled the East and West Roman Empires after 324.

There he met Steve Jobs, who started Apple Computer in his garage.

With Alfred North Whitehead, Bertrand Russell wrote *Principia Mathematica*, which opened a new era in the study of the foundations of mathematics.

The reign of Augustus marked the beginning of the *Pax Romana* (Roman peace), which lasted for 200 years.[10]

한국에서는 관계대명사 앞에 쉼표를 붙이는지 여부는 자유이며 단지 우리말로 번역할 때 어떤 순서로 번역하는지의 차이만 있다고 생각하는 경향이 있는데, 이는 잘못이다.

우선 영어의 문법을 우리말의 번역 순서와 연결시켜 설명하는 것 자체가 타당하지 않다. 영문법은 영어 자체로 존재하는 것이다. 만일 영문법 사항이 한국어의 번역 순서와 결정적 관계를 맺는다면, 한국어를 모르는 영어화자들이 그것을 어떻게 이해할 수 있겠는가?

영어에서 관계대명사 앞에 쉼표를 붙이는지 여부는 해당 관계대명사의 선행사가 지시하는 내용reference이 문맥 혹은 상황에 의해 결정되었는지 여부에 따른다. 선행사의 지시 내용이 결정되어 있으면 (즉 고유명사라든지, 유일한 대상을 지칭한다든지, 혹은 앞에서 이미 언급한 대상이라든지 등), 관계대명사 앞에 쉼표를 사용한다 (이를 관계대명사의 비제한적 용법이라고 부름). 이때 쉼표를 사용하지 않으면 문법적으로

....

10 관계부사의 경우에도 마찬가지이다.

    예: Dr. Martin Luther King was rushed unconscious to St. Joseph Hospital, where he died.

그러나 고유명사가 보통명사화하는 경우에는 쉼표를 사용하지 않는다.

    예: The Dr. Baker who I know is from Texas.

    I look forward to an America which will not be afraid of grace and beauty. (JFK)

잘못된 표현이 된다.[11]

반면에 선행사의 지시 내용이 관계절에 의해 결정된다면, 이때는 관계대명사 앞에 쉼표를 사용해서는 안 된다 (이를 관계대명사의 제한적 용법이라고 부름).

It's so nice to meet a guy who knows how to treat a lady.

The zebra which the lion picked on was clearly sick.

2.2.
두 문장을 접속사 없이 연결하는 경우

다음 문장이 문법적인지 살펴보기로 하자.

It's easy to be ordinary, it takes guts to excel.

위의 문장은 두 개의 완전한 절(즉 "It's easy to be ordinary"라는 완전한 절과 "it takes guts to excel"이라는 또 하나의 완전한 절)을 쉼표로 연결한 것이다. 이는 흔히 '쉼표 접속 오류'comma splice라고 불리는 것으

11　관계대명사의 선행사가 고유명사가 아니더라도 지시 내용이 결정되어 있으면, 해당 관계대명사 앞에 쉼표가 사용된다. 다음은 그 예이다.

　　For my father, who made it all possible (Bassnett 1991 헌사)

　'my father'가 고유명사는 아니지만 저자에게 아버지는 단 한 분밖에 없으므로 지시 내용이 결정된 셈이다. 따라서 관계대명사 'who' 앞에 쉼표가 사용된 것이다.

로, 기본적으로 비문법적이다.[12]

두 개의 대등한 절을 연결하기 위해서는 다음에서와 같이 등위접속사(예: and, but, or, for, so 등)를 사용하여야 한다.

It's easy to be ordinary, but it takes guts to excel.

그런데 앞의 문장을 등위접속사 'but'를 첨가하지 않고서도 문법적으로 만드는 방법이 있다. 그것은 쉼표 대신 반겹점(세미콜론)을 사용하는 것인데, 그런 점에서 반겹점이 "쉼표 + 등위접속사"를 대신한다고 말할 수 있다.

즉 앞의 문장은 다음과 같이 반겹점을 사용하면, 접속사 없이도 문법적이 된다.

It's easy to be ordinary; it takes guts to excel.

즉 두 개의 완전한 절을 쉼표로 연결하면 비문법적이 되지만, 반겹점으로 연결하면 문법적이 된다는 것이다. 다시 말해 어느 구두점을 사용하는지가 문장의 문법성에 결정적 역할을 할 수도 있다는 것이다. 다음 예들도 마찬가지 점을 보여준다.[13]

....

12 다음에서와 같이 대단히 짧은 길이의 동일한 패턴이 반복되는 병렬적(parallel) 구조를 가진 등위절 간에는 예외적으로 쉼표 접속 오류가 허용되기도 한다.

> I came, I saw, I conquered.
> Life is short, art is long.
> Two's company, three's a crowd.
> Speech is silver, silence is golden.

13 쉼표 접속 오류에 대해서는 3장 7.1절을 참조할 것.

Laugh, and the world laughs with you; weep, and you weep alone.

(cf. *Laugh, and the world laughs with you, weep, and you weep alone.[14])

Only popular programs stay on the air; others are quickly canceled.

(cf. *Only popular programs stay on the air, others are quickly canceled.)

Don't worry that you lost; you played a good game anyway.

(cf. *Don't worry that you lost, you played a good game anyway.)

이제 다음 예를 살펴보기로 하자.

Many people are lonely, however, few know how to make friends.

위에서 사용된 'however'는 접속사가 아니라 부사이다. 따라서 부사로 두 개의 완전한 절을 연결하는 것도 잘못이다. 위의 문장은 다음과 같이 두 개의 문장으로 분리하거나, 반겹점을 사용하여 두 문장을 결합해야 한다.

....

14   문장 앞에 '*' 표시를 하면 해당 문장이 비문법적임을 나타낸다.

Many people are lonely. However, few know how to make friends.

Many people are lonely; however, few know how to make friends.

이 역시 특정 구두점의 사용이 문장 전체의 문법성에 영향을 미침을 보여주는 것이다.

또한 영어에는 관행적으로 쉼표를 쓰거나 쓰지 않는 경우가 있는데, 이때도 관행에 맞지 않게 쓰면 어색한 영어 문장이 된다. 다음의 예는 날짜와 연도를 나타내는 숫자가 나란히 사용될 때, 둘 사이를 구분하기 위해 쉼표를 사용함을 보여준다.

President John F. Kennedy was assassinated on November 22, 1963.

만일 날짜와 연도를 나타내는 숫자가 연이어 나타나지 않을 때는 다음에서 보는 바와 같이 쉼표를 사용하지 않는다.

President John F. Kennedy was assassinated on 22 No-vember 1963.

아예 날짜를 사용하지 않을 때도 마찬가지로 쉼표를 사용하지 않는 것이 원칙이다.

President John F. Kennedy was assassinated in November

1963.

이와 같은 예들도 정확한 영어 문장을 구사하는 데 있어 구두점이 중요한 역할을 함을 잘 보여준다고 하겠다.

3.
구두점과 명확성

다음 두 문장을 비교해 보자.

Those who can do; those who can't teach.

Those who can, do; those who can't, teach.

쉼표가 없는 위의 문장은 'do'가 'can'의 보충어 역할을 하는 것으로 오해되기가 쉽다. 그러나 아래 문장에서와 같이 쉼표를 사용하면 'do'는 "Those who can"이라는 주어의 동사 역할을 하는 것이 분명해진다. 이는 구두점이 문장의 의미를 명확히 하는 데 도움을 줄 수 있음을 보여주는 것이다.
이제 다음의 예들을 비교해 보자.

To John Smith is a puzzle.
vs.
To John, Smith is a puzzle. (Leggett et al. p. 174)

Inside the house cats are sometimes a nuisance.

vs.

Inside the house, cats are sometimes a nuisance. (Leggett et al. p. 174)

Of the gymnastic team's twenty five were injured.

vs.

Of the gymnastic team's twenty, five were injured. (Troyka & Hesse p. 424)

For scientists tracking and measuring hurricanes is still an inexact science.

vs.

For scientists, tracking and measuring hurricanes is still an inexact science. (Troyka & Hesse p. 424)

위의 예들에서 쉼표가 없는 문장은 구조가 쉽사리 파악되지 않고 혼동이 일어난다. 그에 비해 쉼표를 적절한 위치에 삽입한 문장은 구조 및 의미 파악이 훨씬 명확해진다. 이는 구두점이 문장의 의미를 명확하게 해줄 수 있음을 잘 보여주는 것으로, 영어교육에서 구두점의 기능에 대해 특별히 주목해야 함을 웅변적으로 보여주는 것이라고 하겠다.

'

2장

한국에서의 구두점 교육 실태

,

한국의 영어교육에서는 주어진 영어 글을 한국어로 번역하거나, 선택형 문제에서 정답을 고르는 훈련을 주로 해 왔다. 따라서 영어로 직접 글을 쓰거나 말을 하는 훈련은 별로 이루어지지 않아 왔다. 영어 구두점은 기본적으로 영어로 직접 글을 쓸 때 관계가 되는 것임을 생각할 때, 이와 같은 한국적 영어교육 상황에서 영어 구두점이 크게 부각될 기회가 없는 것은 어떤 의미에서는 당연한 일이라고도 할 수 있을 것이다.

지난 1997년초 당시 교육부에서 진행 중이던 제7차 영어과 교육과정 개정시안 마련에 참여해 중학교 교과과정을 검토했던 나는 이 점을 지적하고, 영어 구두점에 대한 성취기준을 학교 교육에 도입할 것을 제안하였다. 1997년 2학기에 미국으로 연구년을 가게 되어 그 이후 작업에는 참여하지 못했지만, 나의 이 제안은 제7차 교육과정에 다음과 같이 반영되었다 (밑줄은 필자가 한 것임).

중학교 1학년 1학기 〈쓰기〉:
  문장을 읽으며 적절한 구두점(쉼표, 따옴표, 느낌표)을 표시한다.
중학교 1학년 2학기 〈쓰기〉:
  오류가 있는 짧은 문장을 읽고, 철자, 구두점, 어법에 맞게 고쳐 쓴다.
중학교 2학년 2학기 〈쓰기 심화〉:
  오류가 있는 짧은 글을 읽고, 철자, 구두점, 어법에 맞게 고쳐 쓴다.
중학교 3학년 1학기 〈쓰기〉:

구두점(콜론, 세미콜론, 하이픈 등)을 바르게 사용한다.[1]

　나라에서 정한 교육과정에 구두점에 관한 성취기준이 이와 같이 명시적으로 마련되어 있었음에도 불구하고, 7차 교육과정 시행 당시 현장에서 사용되던 중학교 교과서에는 구두점에 관한 항목이 거의 유명무실하였다. 김정수(2006)에 따르면, 연구 대상으로 삼은 5종의 중학교 영어 교과서 중 2학년이나 3학년용 교과서에서 구두점과 관련한 연습 문제를 제시한 것은 하나도 없었다. 단지 1학년용 교과서에서 평서문에는 마침표, 의문문에는 물음표를 사용한다는 정도의 유치한 연습 문제만을 제공할 뿐이었다.[2]

　이는 우리나라 영어 교과서를 통해서는 겹점(콜론), 반겹점(세미콜론), 덧금(하이픈) 등의 용법을 배울 수 없음을 단적으로 말해주는 것이다. 그 결과 김정수(2006)의 연구 결과에서 밝히고 있는 것처럼, 조사 대상 고등학교 1학년 학생 중 반겹점(세미콜론)과 덧금(하이픈)의 사용법을 묻는 문제에서는 100%의 오답률을, 겹점(콜론)의 경우는 90%에 가까운 오답률을 보이는 것이다.[3]

　고등학교 교육과정에서는 구두점에 대한 성취기준마저 없고, 수능

등 시험에서 구두점과 관련된 문제는 전혀 출제되지 않으니, 중학교 과정에서 배우지 못한 구두점의 용법을 고등학교 과정에서 배우기를 기대하기도 어렵다. 따라서 한국인들은 중고등학교 과정을 통하여 영어 구두점에 대해 제대로 교육받을 기회가 거의 없는 것이 현실이라고 해야 할 것이다. 이는 대학에 와서도 별반 달라지지 않는데, 그런 의미에서 영어 구두점은 우리나라 영어교육의 사각 지대에 있는 셈이라고 할 수 있을 것이다.

일례로 2007년 2학기 경희대학교에서 교양과목으로 글쓰기 강좌를 수강하는 인문사회계열 전공 학생 90명을 대상으로 한 설문 조사에서 영어 구두점에 대해 배워본 적이 있느냐는 질문에 "거의 혹은 하나도 못 배웠다"라고 대답한 학생이 52%에 달했다. 특히 과반수 이상의 학생들이 거의 혹은 전혀 못 배웠다고 대답한 구두점은 다음과 같았다 (cf. 한학성 2007).

구두점	거의 혹은 전혀 못 배웠다라고 대답한 학생들의 비율
:	53%
;	54%
'	57%
–	82%
—	90%[4]

---

[4] 그 외의 구두점들에 대해 거의 혹은 전혀 배우지 못했다고 대답한 비율은 다음과 같았다.

상당수 학생들은 영어 구두점의 명칭조차 모르고 있었는데, 과반수 이상의 학생들이 그 명칭을 모르고 있는 구두점은 다음과 같았다.

구두점	명칭을 모르는 학생들의 비율
:	76%
;	71%
,	91%[5]
–	92%
—	93%[6]

구두점	거의 혹은 전혀 못 배웠다라고 대답한 학생들의 비율
.	8%
,	8%
?	8%
!	11%
' '	17%
" "	16%

전체 학생들 중 영어 구두점을 배울 필요가 있다고 대답한 학생의 비율은 78%로, 대부분의 학생들이 영어 구두점 교육의 필요성에 대해서는 공감하였다.

5 앞의 표에 따르면 올린쉼표(어포스트로피)에 대해서는 43% 정도의 학생들이 배운 적은 있다는 것인데, 그럼에도 불구하고 명칭을 아는 학생이 9%에 불과한 것이 특이하다.
6 그 외의 구두점들에 대해 명칭을 모르는 학생들의 비율은 다음과 같았다.

구두점	명칭을 모르는 학생들의 비율
.	15%
,	13%

이는 우리나라 대학생 중 절대다수가 명칭조차 모르고 있는 영어 구두점이 다수 있을 정도로 우리나라 영어 구두점 교육이 부실함을 보여주는 것이다.

그런데 2007년에 개정된 영어과 교육과정에서는 7차 교육과정에서 형식적으로나마 존재하던 구두점에 관한 성취기준을 아예 삭제해 버렸다 (cf. 교육부 2007). 그리고 2011년에 교육과정이 또다시 개정되었는데, 여기서도 실질적인 변화는 이루어지지 않았다. 단지 초등학교 5-6학년 과정에서 구두점의 종류에 대한 언급 없이 "문장 안에서 구두점을 바르게 쓴다"라는 지극히 형식적인 성취기준을 제시하고 있을 뿐이다. 초등학교 5-6학년 수준에서 영어 구두점의 사용법을 제대로 배우는 것이 불가능하다는 점에서 이 성취기준은 있으나마나한 것이라고 할 수 있다.

이는 우리나라 영어교육계가 영어 구두점에 대해 어떤 생각을 갖고 있는지를 단적으로 보여주는 것이다. 영어 구두점이 기본적으로 영어로 글을 쓸 때 관계가 됨을 감안할 때, 이는 결국 우리나라 영어교육이 영어로 직접 글을 쓰는, 즉 영어를 실제로 "사용"하는 능력을 배양시키는 데는 아직도 무관심함을 극명하게 보여주는 것이다.

본론에 들어가기에 앞서, 국내에서는 앞의 성취기준에서 보듯이 교육부 공식 문헌에서조차 일부 영어 구두점의 명칭을 우리말화하지 못하고 영어 명칭 그대로 사용하는 문제점이 있음을 다시 지적하지

구두점	명칭을 모르는 학생들의 비율
?	7%
!	8%
' '	39%
" "	38%

않을 수 없다. 명칭을 우리말화하지 못한 영어 구두점들이 바로 앞에서 살펴본 것처럼 절대다수의 학생들이 그 명칭조차 모르고 있는 구두점들이다. 흥미롭게도 이들의 용법을 한국 학생들이 특히 어려워하고 있는데, 앞에서 언급한 설문 조사에서 과반수의 학생들이 제대로 사용할 줄 모른다고 대답한 구두점들도 바로 이들이었다. 다음은 해당 구두점의 사용법과 관련해 "대체로 잘 모른다"와 "거의 혹은 전혀 모른다"는 대답을 합산한 비율이다.

구두점	제대로 사용할 줄 모른다고 대답한 학생들의 비율
:	71%
;	78%
,	63%
–	83%
—	93%[7]

---

7   그 외의 구두점들에 대해 제대로 사용할 줄 모른다고 대답한 학생들의 비율은 다음과 같다.

구두점	제대로 사용할 줄 모른다고 대답한 학생들의 비율
.	12%
,	21%
?	7%
!	13%
' '	36%
" "	28%

우리말화하지 못하여 한국 학생들에게 특히 어려움을 주는 영어 구두점들의 명칭을 앞에서 다음과 같은 우리말 용어로 대체할 것을 제안한 바 있다. 본서에서는 앞으로 이 용어들을 계속 사용하기로 하겠다.

콜론(:) = 겹점
세미콜론(;) = 반겹점
어포스트로피(') = 올린쉼표
하이픈(-) = 덧금
대시(—) = 긴덧금[8]

아울러 '이탤릭체*italics*'라는 용어도 '기울임체'로 바꾸어 사용할 것이다.

그런데 우리나라 영어교육 현장에서 구두점이 무시되고 있는 가장 중요한 이유는 가르치는 사람들 자신이 구두점의 의미나 용법에 대해 잘 모르고 있기 때문이다. 영어를 가르치는 사람들 자신이 구두점에 대해 잘 모르는 이유는 그들 역시 영어교육 전 과정을 통하여 구두점에 대해 제대로 배워본 일이 없기 때문이다. 배워보지 못한 것을 가르치기 어려워하는 것은 지극히 당연한 일이다.

따라서 우리나라 영어교육의 사각 지대로 남아 있는 영어 구두점의 문제를 해결하기 위해서는 무엇보다도 예비 영어교사들이 영어 구두점에 대해 철저히 익힐 수 있는 기회를 주어야 하며, 이와 아울러 현

....

8   참고로 최현배(1937/1984 p. 871)는 다음과 같은 용어를 사용하였다.

콜론=쌍점, 세미콜론=쌍반점, 어포스트로피=줄임표, 하이픈=붙임표, 대시=줄표, 쉼표=반점, 마침표=온점 등

직 영어교사들이 영어 구두점에 관심을 가질 수 있도록 강한 동기를 부여해야 한다.

이와 같은 인식을 바탕으로 우리나라 영어교육 현실에 다음과 같은 내용들을 도입시킬 것을 제안한다.

첫째, 영어교사 양성 과정에서 영어 구두점의 세부 사항들을 충실히 교육시켜야 한다.

둘째, 중고교 영어 시험에는 영어 구두점의 이해 여부를 묻는 문제를 반드시 하나 이상 포함시켜야 한다.

셋째, 중고교 영어 교과서에는 영어 구두점의 용법을 설명하는 단원을 포함시켜야 한다.

넷째, 국내 영문법 책에도 영어 구두점 관련 용법을 다루는 부분을 포함시켜야 한다.

다섯째, 무엇보다도 중고교 영어교육에서 최소한 문단 수준의 영어 글쓰기 훈련을 철저히 시켜야 한다.

이러한 일들이 속히 이루어져, 우리나라 영어교육이 한 단계 도약하는 계기를 만드는 데 이 책이 중요한 역할을 하게 되기를 기대한다.

3장
영어 구두점의 문법

본 장에서는 각 영어 구두점의 상세한 용법에 대해 알아보기로 한다. 본 장에서 설명할 대상은 마침표, 물음표, 느낌표, 쉼표, 따옴표, 겹점(콜론), 반겹점(세미콜론), 올린쉼표(어포스트로피), 덧금(하이픈), 긴덧금(대시) 등이며, 1장에서 영어 구두점의 중요성에 대해 설명하는 과정에서 언급된 기울임체(이탤릭체), 대문자쓰기 등은 4장에서 다룰 예정이다. 그런데 영어 구두점의 용법은 대략 19세기 중엽에 이르러 표준화되기 시작하였다. 따라서 이보다 훨씬 전에 나온 문헌에서는 오늘날과 상이한 구두점 사용이 나타날 수도 있음을 염두에 두어야 한다. 또한 영국 영어와 미국 영어 간에 구두점 사용과 관련한 일부 차이가 있기도 하다. 본서에서는 오늘날 미국 영어에서 통용되고 있는 구두점 용법을 중심으로 설명할 예정이나, 필요한 경우 영미 간의 차이에 대해서도 설명을 할 예정이다.

1.
마침표the period[1], the full stop

마침표는 1차적으로 평서문의 종결을 표시하는 구두점이다. 마침표는 이 외에 명령문의 종결을 표시하기도 하며, 약어 등에도 사용된다. 또한 영어로 읽는 방법이 다르기는 하지만, 소수점을 표시하기도 하고, 인터넷 주소 등에 사용하기도 한다.

....

1 'period'라는 용어는 16세기에 유래하였는데, 원래는 완전한 문장을 의미하다가, 17세기에 이르러 오늘날과 같이 마침표 자체를 의미하게 되었다. 'full stop'이라는 용어는 영국에서 주로 쓰인다.

1.1.
평서문과 마침표

　마침표의 가장 기본적인 용도는 평서문 문장의 종결을 표시하는 것이다. 다음은 완전한 평서문 뒤에 마침표가 사용된 예들이다.

All poets are mad. (Robert Burton)

A thing of beauty is a joy forever. (John Keats)

Great souls endure in silence. (Friedrich Schiller)

The universe is the language of God. (Lorenz Oken, 1779 -1851)

Half the truth is often a whole lie.

People are not always what they seem.

I cannot live without books. (Thomas Jefferson)

You cannot teach a crab to walk straight. (Aristophanes, c. 450-385 BC[2])

....

2　연도 앞의 'c.'는 'circa'의 약어로서, 'circa'는 'around/about'를 의미하는 라틴어이다. 연도 앞에 'c.'를 붙이면 해당 연도가 추정치임을 의미한다. 즉 본문의 예에서

Man is the measure of all things. (Protagoras)

Nature does nothing uselessly.

The just shall live by faith. (Romans 1:17, KJV)

Freedom of speech is useless without freedom of thought.
(Spiro T. Agnew)

There is more to life than measuring its speed.

Self-conceit may lead to self-destruction. (Aesop)

A good laugh can be better than any medicine.

The can-do spirit is the fuel that makes things go.

I believe that God works in mysterious ways.

Popularity is not the true measure of a person's character.

There is no evidence that the tongue is connected to the
brain.

....

'Aristophanes'의 출생 연도는 기원전 450년으로 추정되며, 사망 연도는 기원전 385
년이라는 것이다.

No one can make you feel inferior without your consent.
(Anna Eleanor Roosevelt)

No politics could equal in viciousness and vituperation the
politics of academic life. (Edward Sapir)

그러나 마침표를 사용하기 위해 반드시 주어와 동사가 포함되어야
하는 것은 아니다. 다음의 밑줄 친 예들에서 보는 바와 같이 주어나
동사를 포함하지 않더라도 독립된 의사소통의 단위로 기능할 수 있으
면 마침표를 사용할 수 있다.[3]

Wednesday morning, twelve o'clock. Since sunrise I have
been turning my spy-glass in every direction . . .

Our third evening. Kahlil said, "This has been the most
wonderful of all our evenings."

....

3   이는 결국 '문장'(sentence) 개념의 정의 문제로 귀결되는데, 여기서는 자세한 논의를
    피하기로 한다. 참고로 예스퍼슨(Jespersen 1933/1956)은 문장 개념을 다음과 같이
    정의하고 있다.

    "A sentence is a (relatively) complete and independent unit of communica-
    tion."

    예스퍼슨이 "Goodbye", "Nonsense" 등의 표현을 문장에 포함시킴을 감안할 때 (그
    는 이러한 표현들을 'amorphous sentences'라고 부름), 굳이 문장 개념의 정의에
    'complete', 혹은 'relatively complete'라는 조건을 부과할 필요는 없을 것으로 보인
    다. 따라서 예스퍼슨의 문장 개념 정의는 다음과 같이 수정되는 것이 나을 것으로 보
    인다.

    "A sentence is an independent unit of communication."

Back to 1960. In that year, we received a formal appeal urging us to come to South Africa as soon as possible.

What is the first part of politics? Education. The second? Education. And the third? Education. (Jules Michelet, *Le Peuple*)

Our country, right or wrong.[4] (Carl Schurz, 1829–1906)

Poor Mexico, so far from God and so close to the United States.

1.2.
명령문과 마침표

평서문 외에 다음에서 보는 바와 같이 명령문에도 마침표를 사용한다.

Practice what you preach.

Love your neighbor as yourself.

---

4   When right, to be kept right; when wrong, to be put right.

Do not wear out your welcome.

Keep friendships in constant repair.

Don't put up with secondhand smoke.

Be foolish enough to believe in miracles.

Be willing to share the sorrows of others.

Apologize when you realize you are wrong.

Do to others as you would have them do to you. (Luke 6:31, NIV)

1.3.
약어와 마침표

과거에는 영어 조어법의 대표적 예인 머리글자어acronym의 경우 마침표를 사용하는 것이 일반적이었다.

M.B.A. (= Master of Business Administration)

R.S.V.P. (= 프랑스어 répondez s'il vous plaît → 영어 please respond)

그러나 최근에는 위와 같이 대문자만으로 이루어진 약어의 경우에는 마침표를 생략하는 것이 일반화되어 있다 (즉 MBA, RSVP 등이 흔히 쓰임). 특히 잘 알려진 단체의 이름을 나타내는 머리글자어의 경우에는 거의 예외 없이 마침표를 생략한다 (예: KBS, UNESCO, UNICEF, CIA 등).

다음은 마침표가 생략된 약어를 사용한 문장의 예이다.

Unlike the GNP, the GDP does not reflect earnings from income acquired abroad.

The pilot was shot down while flying over the Korean DMZ.

Jane's excellent SAT score enabled her to select whichever university she preferred.

An Australia-Korea FTA potentially offers significant benefits to both countries.

참고자료

M.B.A. vs MBA

구글 앤그램 뷰어를 사용해 'M.B.A.'와 'MBA'의 빈도를 조사해 보면 다음과 같은 결과가 나온다.

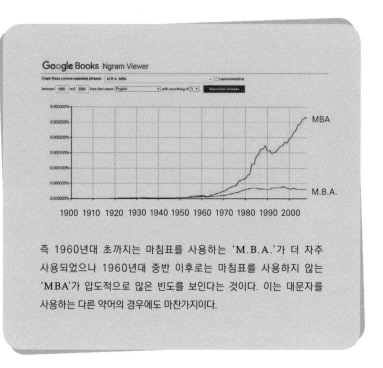

즉 1960년대 초까지는 마침표를 사용하는 'M.B.A.'가 더 자주 사용되었으나 1960년대 중반 이후로는 마침표를 사용하지 않는 'MBA'가 압도적으로 많은 빈도를 보인다는 것이다. 이는 대문자를 사용하는 다른 약어의 경우에도 마찬가지이다.

대문자만으로 이루어진 약어와는 달리, 대문자와 소문자를 섞어 쓰거나 소문자만으로 이루어진 약어의 경우에는 마침표를 사용하는 것이 일반적이다. 이러한 약어들은 표기상의 약어일 뿐이며, 발음은 줄이기 이전의 완전한 단어로 발음한다. 그런데 소문자만으로 이루어진 약어라도 완전히 하나의 단어로 확립된 경우에는 (예: exam, math, ad, laser, scuba 등[5]) 마침표를 사용하지 않는다.

5 exam (← examination), math (← mathematics), ad (← advertisement), laser (← light amplification by stimulated emission of radiation), scuba (← self-contained underwater breathing apparatus)

Rev. (= Reverend)

Tues. (= Tuesday)[6]

Oct. (= October)[7]

Ariz. (= Arizona)

St. (= Street)

Av./Ave. (= Avenue)

Rd. (= Road)

Dr. (= Drive)

Blvd. (= Boulevard)

Bldg. (= Building)

Sq. (= Square)

etc. (= et cetera)

ea. (= each)

incl. (= including)

oz. (= ounce)

p. (= page, cf. pp. = pages)

ft. (= foot)

gal. (= gallon)

....

6 요일 이름은 가급적 줄이지 않는 것이 좋다. 그러나 공간이 부족하거나, 격식을 갖추지 않고 쓸 때, 혹은 표 등에서 다음과 같은 약어를 사용할 수 있다.

Sun./ Mon./ Tues./ Wed./ Thurs./ Fri./ Sat.

7 달 이름도 문장 안에서는 완전한 철자를 사용하는 것이 좋다. 그러나 편지의 머리 부분에 날짜를 적을 때나 표 등에서는 다음과 같은 약어를 사용하기도 한다.

Jan./ Feb./ Mar./ Apr./ Aug./ Sept./ Oct./ Nov./ Dec. (May, June, July 는 줄이지 않는 것이 좋다.)

a.k.a. (= also known as)

e.g. (= 라틴어 exempli gratia → 영어 for example)

i.e. (= 라틴어 id est → 영어 that is)

cf. (= compare)

et al. (= and others)

ed., eds. (= edition, edited by, editor(s))

v./vs. (= versus)

Co. (= Company, cf. CO = carbon monoxide/Colorado)

b. 1988 (= born in 1988)

d. 2007 (= died in 2007)

c./ca. (= circa, about, 날짜 없이 연도만 사용함)

esp. (= especially)

참고자료

미국 주 이름을 줄여 쓰는 방법 두 가지

미국 주 이름을 줄여 쓰는 데는 두 가지 방법이 있다. 첫 번째는 우편번호를 쓸 때인데, 이때는 대문자 두 개만을 사용하며 마침표를 쓰지 않는다. 이에 비해 도시 이름이나 기타 이름 (예: 공항, 군사 기지 등) 다음에 나오는 주 이름을 축약해서 쓰는 경우가 있는데, 이때는 대개 이름 뒷부분의 일부를 생략하며, 마침표를 사용한다.

즉 아래의 예에서 'CA'는 'California'의 약어로, 우편번호와 함께 사용되었다.

BUSINESS REPLY MAIL
FIRST CLASS MAIL PERMIT NO. 23911 LOS ANGELES, CA

POSTAGE WILL BE PAID BY ADDRESSEE

6725 Sunset Blvd.
P.O. Box 800
Los Angeles, CA 90078

이에 비해 아래의 예는 같은 'California'라도 본문 속에서 도시 이름(즉 'Santa Rosa') 다음에서는 'Calif.'로 축약됨을 보여준다.

> Santa Rosa, Calif.: I work at a hospice and never cease to be moved by the unselfish love and devotion these males have for one another. Such beautiful relationships ought to have the dignity of legal recognition.

(출처: Ann Landers *Wake Up and Smell the Coffee!*)

유사한 예로 아래 예는 본문 속에서 주 이름 'Minnesota'를 축약할 때는 'Minn.'으로 축약함을 보여준다 (우편번호일 경우에는 'MN'으로 축약함).

> The following news story appeared on the Associated Press wire:
> A woman in Isanti, Minn., got fed up with her husband's absen-teeism. He, too, was a fishing and hunting nut. She ran the following ad on his birthday:

(출처: Ann Landers *Wake Up and Smell the Coffee!*)

다음은 미국 전체 주에 대한 이 두 가지 축약 방식을 보여주는 표이다.

주 이름	우편번호용 약칭	도시 이름 등 뒤에서의 약칭
Alabama	AL	Ala.
Alaska	AK	—[8]
Arizona	AZ	Ariz.
Arkansas	AR	Ark.
California	CA	Calif.
Colorado	CO	Colo.
Connecticut	CT	Conn.
Delaware	DE	Del.
Florida	FL	Fla.
Georgia	GA	Ga.
Hawaii	HI	—
Idaho	ID	—
Illinois	IL	Ill.
Indiana	IN	Ind.
Iowa	IA	—
Kansas	KS	Kans.
Kentucky	KY	Ky.
Louisiana	LA	La.
Maine	ME	—
Maryland	MD	Md.
Massachusetts	MA	Mass.
Michigan	MI	Mich.
Minnesota	MN	Minn.
Mississippi	MS	Miss.

....

8   — 표시된 것은 약칭을 사용하지 않음을 의미함

Missouri	MO	Mo.
Montana	MT	Mont.
Nebraska	NE	Nebr.
Nevada	NV	Nev.
New Hampshire	NH	N.H.
New Jersey	NJ	N.J.
New Mexico	NM	N.Mex.
New York	NY	N.Y.
North Carolina	NC	N.C.
North Dakota	ND	N.Dak.
Ohio	OH	—
Oklahoma	OK	Okla.
Oregon	OR	Oreg.
Pennsylvania	PA	Pa.
Rhode Island	RI	R.I.
South Carolina	SC	S.C.
South Dakota	SD	S.Dak.
Tennessee	TN	Tenn.
Texas	TX	Tex.
Utah	UT	—
Vermont	VT	Vt.
Virginia	VA	Va.
Washington	WA	Wash.
West Virginia	WV	W.Va.
Wisconsin	WI	Wis.
Wyoming	WY	Wyo.

1.4.
소수점과 마침표

수학에서 소수점 이하를 표시하기 위해 마침표를 사용하는 것은 우리나라에서와 같다.

0.67

20.6%

그런데 이를 영어로 읽을 때는 'period'로 읽지 않고 'point'로 읽는다. 또한 다음에서 보는 바와 같이 금액을 표시할 때도 달러 미만에서는 마침표를 사용한다.

$75.77

1.5.
인터넷 주소, 이메일 주소, 컴퓨터 문서 파일 이름 등과 마침표

인터넷 주소 등에도 다음에서 보는 바와 같이 마침표가 사용된다. 그런데 이를 영어로 읽을 때는 'period'가 아니라 'dot'로 읽는다.

www.harvard.edu (하버드대 홈페이지 주소)

www.vangoghmuseum.nl (네덜란드 반 고흐 미술관 홈페이지 주소)

이메일 주소 뒷부분에 '.net' 등을 사용하는 것도 마찬가지이며,

컴퓨터로 작성한 문서의 파일 이름을 부여할 때 맨 끝에 '.doc'이나 '.hwp' 등을 사용하는 것, 그리고 그림 파일의 경우 '.jpg' 등을 사용하는 것, 스캔한 문서의 파일 이름에 '.pdf' 등을 사용하는 것도 마찬가지이다.

🔍 **참고** 인터넷 주소나 이메일 주소가 문장의 맨 마지막에 나올 때 문장 종결 부호인 마침표를 찍으면, 이것이 인터넷이나 이메일 주소의 일부로 오해될 수가 있다. 이러한 오해를 방지하기 위해 간혹 문장 종결 부호를 생략하기도 한다.

1.6.
기타 마침표의 용법

기타 1 시간을 표시할 때 영국에서는 시간을 나타내는 숫자와 분을 나타내는 숫자 사이에 다음과 같이 마침표를 사용하기도 한다.

8.30 a.m.[9]
5.50 p.m.

그런데 미국에서는 다음에서 보는 바와 같이 마침표 대신 겹점(콜론)이 사용된다.

8:30 a.m.

....

9　오전, 오후를 나타내는 a.m., p.m.은 소문자, 대문자 사용이 모두 가능하며, 마침표를 생략하기도 한다.

5:50 p.m.

기타 2 성경 구절을 인용할 때도 겹점 대신 마침표가 사용되기도 한다.

⟨MLA Style⟩ All things work together for good for those who love God. (Romans 8.28, NRSV)

⟨대부분의 경우⟩ All things work together for good for those who love God. (Romans 8:28, NRSV)

즉 "모든 것이 합력하여(함께 작용하여) 선을 이룬다"는 유명한 "로마서 8장 28절"[10]을 표시할 때, MLA Style에서는 "Romans 8.28"에서처럼 마침표를 사용하지만, 대부분의 경우에는 "Romans 8:28"에서처럼 겹점을 사용한다.

주의 영어에서는 마침표를 두 번 연이어 사용하지 않는다. 따라서 문장의 마지막에 약어임을 표시하는 마침표가 사용되는 경우, 문장 종결을 표시하기 위해 별도의 마침표를 사용하지 않는다.

예 1: They expect all employees to be courteous, punctual, orderly, etc.. (x)

They expect all employees to be courteous, punctual,

---

10 이 구절의 영어 번역은 다음에서 보는 바와 같이 판본에 따라 차이가 느껴진다.

In all things God works for the good of those who love him. (NIV)
All things work together for good to them that love God. (KJV)

74 영어 구두점의 문법

orderly, etc. (o)

예 2: His home was in Tucson, Ariz.. (x)

His home was in Tucson, Ariz. (o)

His home was in Tucson, Arizona. (o)

예 3: The news is broadcast at 9:00 p.m.. (x)

The news is broadcast at 9:00 p.m. (o)

예 4: He's in Washington, D.C.. (x)

He's in Washington, D.C. (o)[11]

예 5: And you might tell your relatives to M.Y.O.B..[12] (x)

And you might tell your relatives to M.Y.O.B. (o)

요즈음에는 대부분 컴퓨터로 문서 작성을 하므로, 한 단어를 끊어 쓸 수 있는(즉 분철할 수 있는) 위치가 어디인지에 대한 의문 자체가 별로 일어나지 않는다. 그러나 과거 손으로 글을 쓰거나 타자기로 문서 작성을 하던 시절에는, 한 단어가 줄 경계에 걸릴 경우 그 단어 내에서 끊어 쓸 수 있는 지점에서만 분철을 해야 했다. 이것이 일반인들에는 대단히 어려운 일이었으므로 대부분의 영어 사전은 각 단어 내에서 분철할 수 있는 지점을 표시해주는 배려를 하였다. 이때 사용한 방법이 다음에서 보는 바와 같이 위로 올린 점을 사용하는 것이었다. (이는 마침표를 위로 올린 형태이므로

....

11 'D.C.'를 'DC'로 쓰기도 한다. 'DC'가 문장의 맨 마지막에 나올 때는 당연히 마침표를 사용한다.

He's in Washington, DC.

12 'M.Y.O.B.'는 "Mind your own business"의 머리글자어.

엄밀한 의미에서 마침표와는 차이가 있으나, 참고로 여기에 덧붙인다.)

ap·pear (즉 분철할 때 ap-pear만 가능, app-ear, appe-ar 등은
불가능)

ex·am·i·na·tion (즉 ex-amination, exam-ination, exami-
nation, examina-tion만 가능)

자세한 내용은 본 장 9.3절을 참조할 것.

2.
물음표the question mark

물음표는 기본적으로 의문문에 사용한다. 그러나 간혹 문장 전체
는 의문문이 아니더라도 문장 안에 불확실한 표현이 있을 때 해당 표
현에 물음표를 사용하기도 한다.

2.1.
직접의문문과 물음표

의문문(부가의문문 포함)의 끝에는 의문문임을 표시하기 위해 물음

표를 사용한다.

Really?

Will it matter a week from today?

Do you keep both small and large commitments?

Who will cure the nation's ill?

What's in a name? (*Romeo and Juliet*)

Where have all the flowers gone?

What virtue do you value most?

What wisdom can you find that is greater than kindness?
(J. J. Rousseau)

If not me, who? If not now, when?

She's so picky, isn't she?

You are from the asylum, aren't you?

You don't mind, do you?

간접의문문에는 물음표를 사용하지 않는다.

I wonder who will cure the nation's ill.

평서문 어순이라도 의문의 뜻으로 사용할 때는 물음표를 사용한다.

It's OK?
You don't understand?
You weren't happy together?

2.2.
불확실한 표현과 물음표

불확실하거나 의문이 가는 내용임을 표시하기 위해 물음표를 괄호 안에 넣어 사용할 수 있다.

Shakespeare was born on April 23 (?), 1564.

그러나 이는 불가피한 경우가 아니면 가급적 피하는 것이 좋다.

2.3.
반어적 표현과 물음표

반어적이나 풍자적으로 사용된 특정 표현 다음에 물음표를 괄호 안에 넣어 사용할 수 있다.

When he slipped on the ice, he gave a gentle (?) roar of pain.

이 역시 불가피한 경우가 아닌 한 가급적 피하는 것이 좋다.

2.4.
겹물음표

대답을 기대하지 않는 의문문(즉 수사의문문)에서 강한 의심 등의 감정을 나타내기 위해 겹물음표를 사용하는 경우가 있다.

What sort of people are they??

그러나 이는 격식을 따지지 않는 글informal writing에서만 예외적으로 허용 가능하며, 격식을 갖추어야 하는 글formal writing에서는 사용하지 않는 것이 좋다.[13] 아울러 이러한 식의 겹물음표 사용도 불

---

13 언어학 문헌에서는 해당 문장의 문법성이 강하게 의심될 때(즉 비문법적이라고 확신할 수는 없어도, 상당히 비문법적이라고 생각할 때), 해당 문장 앞에 겹물음표를 붙

가피한 경우가 아니면 가급적 사용하지 않는 것이 좋다.

3.
느낌표the exclamation point, the exclamation mark

느낌표는 기본적으로 감탄문에 사용된다. 그러나 강한 감정을 표시하거나, 명령, 강한 요청, 혹은 경고 등을 나타낼 때도 느낌표를 사용할 수 있다.

3.1.
감탄문 형식 문장과 느낌표

느낌표는 1차적으로 "What ~", "How ~" 등으로 시작하는 감탄문에 사용된다.

What a good idea!

What a pity!

....

이기도 한다. 다음은 Howard Lasnik이 그의 책 *Minimalist Analysis*(1999년 Blackwell 발행)와 *Minimalist Investigations in Linguistic Theory*(2003년 Routledge 발행)에서 겹물음표를 붙인 예이다.

??Who Angleton wonder why Philby suspected? (Lasnik 1999, p. 43)
??John took advantage of Bill, who Mary will also. (Lasnik 2003, p. 78)

What a cheek!

What a mess you have made!

What a great night that was!

How cool!

How brave you are!

How a little love and good company improves a woman!

Amazing grace! How sweet the sound that saved a wretch like me!

셰익스피어의 『햄릿』에는 다음과 같이 느낌표가 연이어 사용된 예가 있다.

What a piece of work is a man! How noble in reason! how infinite in faculty! in form and moving, how express and admirable! in action how like an angel! in apprehension, how like a god! the beauty of the world! the paragon of animals! (*Hamlet*)

경우에 따라서는 형식상으로는 감탄문 문형을 취하면서도, 느낌표 대신 마침표를 사용하기도 한다.

아래의 예에서 "What fine ears I have"와 "How handsome I am"이 형식상으로는 감탄문임에도 느낌표가 사용되지는 않았다.

The next day the hare spent half the afternoon looking at himself in the stream.
"What fine ears I have," said the hare. "How handsome I am."

(출처: *The Tortoise and the Hare*, A Little Golden Book, 1987)

3.2.
강한 감정을 나타내거나
주의를 끌기 위한 문장에 사용되는 느낌표

문법적으로 감탄문 형식을 취하지 않더라도 놀람surprise이나 강조emphasis 등을 표시하거나 주의를 끌기 위해 느낌표를 사용하기도 한다.

Frailty, thy name is woman! (*Hamlet*)

Look at that! Incredible!

Oh, that's a shame!

Free at last! / Free at last! / Thank God Almighty, we are free at last!

3.3.
아이러니를 나타내기 위한 느낌표

냉소적이거나 빈정대는 뜻을 나타내는 문장에도 느낌표를 사용할 수 있다.

"Big deal!" he replied scornfully.

"Gorgeous day!" (폭풍우 치는 날에 이렇게 말하는 경우)

A government without the power of defence! It is a sole-cism. (James Wilson)

냉소적인 표현에 느낌표를 사용하는 것은 가급적 피하는 것이 좋다.

3.4.
간투사와 느낌표

'wow', 'ouch', 'bravo', 'hurrah', 'gosh', 'oops' 등의 강한 감정을 나타내는 간투사interjection 다음에 느낌표를 사용한다. ('oh', 'so', 'well' 등처럼 상대적으로 약한 감정을 나타내는 간투사 다음에는 흔히 쉼표를 사용한다. 그러나 이들도 강한 감정을 실어 사용할 때는 느낌표를 사용할 수 있다.)

참고자료

O vs Oh

'O'는 문장의 중간에 나오더라도 항상 대문자로 쓰며, 그 다음에 쉼표를 사용하지 않는다. 반면 'Oh'는 흔히 그 다음에 쉼표를 사용하며 문장의 중간에 나올 때는 소문자로 시작한다. 'O'가 사용된 문장의 끝에는 흔히 느낌표를 사용하는데 비해, 'Oh'가 사용된 문장의 끝에는 흔히 마침표를 사용한다.

O love, thy kiss would wake the bed! (Lord Tennyson)

O bed! O bed! delicious bed! (Thomas Hood)

O Lord, please help me now!

Exult O shores! and ring O bells! (Walt Whitman)

O Romeo, Romeo! wherefore art thou Romeo? (*Romeo and Juliet*)

O miserable minds of men! / O blind hearts! (Lucretius)

O liberty! O liberty! What crimes are committed in thy name! (Jeanne Manon Roland 1754–1793)

O mortal man, think mortal thoughts! (Euripides)

O brave knight, I am old and weak. Stay here and help me guard my people from harm.[14]

---

14 과거에는 'O' 다음에 쉼표를 쓰는 경우도 있었는데, 최근에는 거의 사라지고 있는 것으로 보인다.

O, weep for Adonais! (Shelley 1792–1822)

또 과거에는 'O' 다음에 느낌표를 쓰는 경우도 간혹 있었다.

O! more than Gothic ignorance. (Henry Fielding 1707–1754)

Oh boy, oh boy, oh boy, I thought.

Oh dear, oh dear, if I only knew what to do!

Oh, what a beautiful mornin' / Oh, what a beautiful day.
(Oscar Hammerstein II)

Oh, it's nice to get up in the mornin', / But it's nicer to lie in
bed. (Sir Harry Lauder)

Oh, call it by some better name, / For friendship sounds too
cold. (Thomas Moore 1779–1852)

3.5.
소리를 지를 때 사용하는 느낌표

소리를 질러 말할 때도 느낌표를 사용할 수 있다. 다음은 동화
*Jack and the Beanstalk*에서 발췌한 예들이다. 'shout'나 'roar'라는 동
사가 나올 때, 그 내용을 나타내는 문장 끝에 느낌표가 사용되었음을
주목할 만하다.

"They were magic beans!" Jack shouted.

Then he shouted, "Wife, bring me my magic hen!"

"Mother, get the ax ready!" he shouted from the top of the beanstalk.

"Lay, hen, lay!" roared the giant, and the hen laid a golden egg.

His wife hurried to obey.

"Lay, hen, lay!" roared the giant, and the hen laid a golden egg.

"Very good," said the giant, with a mighty yawn. Soon he was sound asleep.

3.6.
명령이나 강한 요청, 경고 등을 나타내기 위한 느낌표

명령이나 강한 요청, 경고 등을 나타낼 때도 느낌표를 사용할 수 있다.

Give me a break!

Blow, wind! / Come, wrack! (*Macbeth*)

Out, damned spot! Out, I say! (*Macbeth*)

Don't waste any time mourning—organize! (Joe Hill)

Give peace a chance!

Life for the living, and rest for the dead! (George Arnold)

The lips that touch liquor must never touch mine! (George
W. Young)

But you must hurry. My husband eats boys for breakfast!
(*Jack and the Beanstalk*)

주의 느낌표는 꼭 필요한 경우에만 사용해야 그 효과를 달성할
수 있다. 느낌표를 사용하여 감탄문을 만들기 위해서는 해당 문장의
길이가 상당히 짧아야 한다. 문장이 매우 길 경우, 여기에 느낌표를
사용하면 우스꽝스럽게 보일 수 있다.[15]

4.
쉼표the comma

여기서는 구두점 중 사용 빈도가 가장 높은 편에 속하는 쉼표에
대해 알아보기로 한다. 쉼표는 다양한 용법으로 인해 사람에 따라서
는 매우 골치 아픈 구두점으로 여기기도 하는데, 제대로 쓰면 글의 의
도를 명확히 하는 데 큰 도움이 되는 매우 유용한 구두점이기도 하다.

----

15 사람에 따라 느낌표를 두 개, 혹은 세 개 겹쳐서 사용하기도 한다. 그러나 이는 사적인
   편지나 이메일 등에서 격식을 갖추지 않고 글을 쓸 때나 가능하며, 가급적 피하는 것
   이 좋다. 또 일부에서는 물음표와 느낌표를 결합하여 사용하기도 하는데 (흔히 대답
   을 요구하지 않는 수사 의문문의 경우), 이 역시 격식을 갖추어야 하는 글에서는 피하
   는 것이 좋다.

4.1.
완전한 절 두 개를 등위접속사로 연결할 때 사용하는 쉼표

완전한 절 (즉 주어, 동사를 포함하는 절) 두 개를 'and'나 'but' 등의 등위접속사로 연결할 때, 해당 등위접속사 앞에 쉼표를 사용한다. 여기서 말하는 등위접속사란 종속접속사에 대응하는 개념으로서, 'and'나 'but' 외에 'or', 'for', 'so', 'nor', 'yet' 등이 포함된다. 이를 도식화하면 다음과 같다.

완전한 절 1, 등위접속사 + 완전한 절 2
↑
쉼표 사용
(등위접속사: and/ but/ or/ for/ so/ nor/ yet 등)

다음은 그 예들이다.

I am the true vine, and my Father is the gardener. (John 15:1, NIV)

Do your duty, and leave the rest to heaven.

Laws grind the poor, and rich men rule the law. (Oliver Goldsmith, *The Traveller*)

All animals are equal, but some animals are more equal

than others. (George Orwell, *Animal Farm*)

We are not all perfect, but we can do something perfect.

Mediocrity knows nothing higher than itself, but talent instantly recognizes genius. (Conan Doyle)

We are all in the gutter, but some of us are looking at the stars. (Oscar Wilde)

Every man has a right to his opinion, but no man has a right to be wrong in his facts.

Blessed is he who expects nothing, for he shall never be disappointed. (Alexander Pope)

Father, forgive them, for they do not know what they are doing. (Luke 23:34, NIV)

Every law is an evil, for every law is an infraction of liberty. (Jeremy Bentham)

I am convinced that nothing will happen to me, for I know the greatness of the task for which Providence has chosen me. (A. Hitler)

He speaks very little English, so I talked to him through an interpreter.

She would never forget his face, nor would she forget his warm eyes.

Willows are weak, yet they bind other wood.

예외 1 등위 접속절이라도 쉼표 생략이 가능한 경우

등위접속사로 연결된 두 개의 절이 각각 매우 짧을 때, 쉼표를 생략할 수 있다. 특히 각 절이 주어와 동사만으로 이루어져 있을 때는 쉼표를 생략하는 것이 일반적이다. 그런데 여기서 '짧다'라고 하는 것의 기준이 명확하지는 않다. 3-4 단어 이하로 이루어진 절을 일단 짧은 것으로 간주하는데, 이런 때도 쉼표를 사용하는 것 자체가 금지되는 것은 아니다.

다음은 그와 같은 예들이다.

Give me liberty or give me death! (Patrick Henry)

The Lord gives and the Lord takes away.

Praise the Lord and pass the ammunition.

Spare the rod and spoil the child.

Life is short and time is swift.

The harvest is plentiful but the workers are few. (Matthew 9:37, NIV)

또 길이가 상대적으로 길다고 하더라도 두 문장 간의 관계가 대단히 밀접하거나, 뜻의 오해 가능성이 없는 경우에는 쉼표를 생략하기도 한다. 따라서 등위 접속절에 사용하는 쉼표의 용법에는 글쓴이의 의도나 선호에 따라 편차가 있을 수 있다.

그렇지만 일단 두 개의 완전한 절이 등위접속사로 연결되는 경우에는 해당 등위접속사 앞에 쉼표를 사용하는 원칙을 견지하는 것이 유용할 것이다. 그러다가 자신의 영어 글쓰기 실력이 높아감에 따라, 특별히 강조의 의미를 두지 않으려 하거나, 오해의 가능성이 없는 경우에는 쉼표를 생략하는 융통성을 발휘해보는 것도 괜찮을 것이다.

예외 2 완전한 절의 접속이 아니지만 쉼표를 사용하는 경우

또 이와는 반대로 완전한 절 간의 접속이 아닌데도, 중간에 쉼표를 사용하는 경우가 있다. 다음은 그 예들이다. 특히 글쓴이가 그 지점에서 잠시 휴지pause를 두고자 할 때는 당연히 쉼표를 사용할 수 있다.

Thomas Jefferson became President in 1801, and appointed Madison Secretary of State.

But let judgment run down as waters, and righteousness as a mighty stream. (Amos 5:24, KJV)

A man always has two reasons for what he does—a good one, and the real one.

He is a little chimney, and heated hot in a moment.
(Longfellow, *The Courtship of Miles Standish*)
(cf. A little pot and soon hot. (Shakespeare, *The Taming of the Shrew*))

The conscious water saw its God, and blushed. (Richard Crashaw c. 1613-1649)

예외 3 등위접속사로 연결된 각 절 안에 이미 쉼표가 사용되어 있을 때는 쉼표 대신 반겹점을 사용함

그런데 등위접속사로 연결된 절 안에 이미 쉼표가 사용되어 있는 경우에도 등위접속사 앞에 쉼표를 사용하면 어떻게 될까? 대략 다음과 같이 될 것이다.

_____ , _____ , and _____ , _____

그렇게 되면 연결된 각 절 내부에 사용된 쉼표와, 두 절을 등위접속사로 연결하기 위해 사용된 쉼표가 서로 혼란을 일으켜 전체 문장의 이해에 어려움을 초래할 수도 있을 것이다. 이런 어려움을 막기 위해 등위접속사 앞에 쉼표 대신 반겹점(세미콜론)을 사용하는 것이 좋다.

_____ , _____ ; and _____ , _____

이렇게 하면 등위접속사로 연결한 각 절의 범위가 분명하게 되어 문장의 이해가 훨씬 용이해진다. (이는 등위접속사로 연결된 두 절 중 하나에만 쉼표가 사용될 경우에도 마찬가지로 적용될 수 있다.)

다음은 그 예들이다.

When a dog bites a man, that is not news; but when a man bites a dog, that is news.

Wars are, of course, as a rule to be avoided; but they are far better than certain kinds of peace. (Theodore Roosevelt)

그런데 이와 같은 용법을 굳이 따르지 않는 사람들도 많다. 따라서 이는 글의 의미를 명확하게 하기 위한 하나의 권고 사항이지 철칙은 아니라고 할 수 있다.

4.2.
셋 이상 나열할 때 사용하는 쉼표

셋 이상의 항목을 'and'나 'or' 등을 사용해 나열할 때, 각 항목들을 구분하기 위해 쉼표를 사용한다. 이를 도식화하면 다음과 같다.

```
항목 1,  항목 2,  and  항목 3
        ↑        ↑
    쉼표 사용   쉼표 사용
```

이때 나열된 각 항목은 단어일 때도 있고, 구나 절일 때도 있다. 다음은 그 예들이다.

The good, the bad, and the ugly.

Life, liberty, and the pursuit of happiness.

Human slavery is wrong, insecure, and demoralizing. (Oscar Wilde)

Women value love, communication, beauty, and relationships.

No man, however strong, can serve ten years as schoolmaster, priest, or senator, and remain fit for anything else. (Henry Adams)

All the things I really like to do are either immoral, illegal, or fattening.

Government of the people, by the people, and for the people.

I chose a tray, selected my food, and paid the cashier.

The students complained that the course was too hard,

that the grades were too low, and that the professor was too boring.

The real wages of university professors have been declining for some time, the hours are bad, and all you get are complaints.

경우에 따라서는 마지막 항목을 소개하는 'and' 앞의 쉼표를 생략하기도 한다. 이는 특히 영국 영어에서 자주 발견되는 현상이다. 그러나 최근 미국에서 출판되는 작문 교재에서는 이 경우 쉼표를 사용하는 것을 원칙으로 소개하고 있는 것이 대부분이다. 따라서 일단 이 원칙을 따르는 것이 좋을 것으로 보인다.[16]

참고자료

다음은 Noam Chomsky의 저서 중 하나이다. 책 제목인 *Knowledge of Language*의 부제로 'Its Nature', 'Origin', 'Use'의 3 항목이 나열되었다. 마지막 항목을 소개하는 'and' 앞에 쉼표가 사용되었음을 확인할 수 있다.

---

16 한국인들 중에는 마지막 항목을 소개하는 'and' 앞에 쉼표를 붙이면 안 되는 것으로 생각하는 경향이 의외로 강한데, 이는 과거의 잘못된 영어교육의 폐해로 보인다. 실제로 내가 중고등학교에 다니던 60년대말 70년대초에는 이런 경우 'and' 앞에 쉼표를 쓰지 말아야 하는 것으로 강조되었다.

　최근에는 영국에서도 마지막 항목을 소개하는 'and' 앞에 쉼표를 사용하는 경향이 늘어나고 있는 것으로 보인다. 특히 옥스퍼드대학교 출판부에서는 이런 원칙을 고수하고 있는데, 이 때문에 이를 '옥스퍼드 쉼표'the Oxford comma라고 부르는 사람들도 있다 (cf. Allen p. 48).

　그런데 마지막 쉼표를 사용하지 않을 경우 혼란을 주기도 한다. 다음의 예를 살펴보자.

I am interested in a modern, furnished apartment with
two bedrooms, kitchenette, living room, bathroom with

shower and garage.

위 문장에서 마지막 항목인 'garage'를 소개하는 'and' 앞에 쉼표가 없어 마치 'garage'가 'shower'와 함께 'bathroom' 안에 있는 것으로 오해될 수 있다. 다음과 같이 쉼표를 사용하면 뜻이 명확해져 그런 우스꽝스러운 해석을 막을 수 있다.

I am interested in a modern, furnished apartment with two bedrooms, kitchenette, living room, bathroom with shower, and garage.

혹자는 앞에서 언급한 우스꽝스러운 해석이 가능해지려면 'bathroom'이 마지막 항목이 되어야 하며, 이를 표시하기 위해 'bathroom' 앞에 'and'가 삽입되어야 하는 것 아닌가 하고 생각할지도 모르겠다. 그러나 영어에서 셋 이상의 항목을 나열하기 위해 반드시 마지막 항목 앞에 'and'나 'or'를 삽입하여야 하는 것은 아니다. 다음에서 보는 바와 같이 'and'나 'or' 없이 쉼표만으로도 얼마든지 항목 나열이 가능하다.

Change alone is eternal, perpetual, immortal.

There is no right to strike against the public safety by anybody, anywhere, any time. (Calvin Coolidge)

See no evil, hear no evil, speak no evil.

It always protects, always trusts, always hopes, always perseveres. (1 Corinthians 13:7, NIV)

There are many thousands of Americans living simply, questioning technology, fighting to preserve what remains of nature.

A committee is a group of the unwilling, chosen from the unfit, to do the unnecessary.

또 경우에 따라서는 동일 접속사를 여러 번 반복해 사용하기도 한다.

We shall tax and tax, and spend and spend, and elect and elect.

Everything I have ever been, or am, or even hope to be in this life or the future life, I owe to Jesus Christ. (Billy Graham)

4.3.
대등한 형용사coordinate adjectives를 2개 이상 나열할 때 사용하는 쉼표

동일한 명사를 대등한 자격으로 수식하는 형용사가 2개 이상 나열될 때 쉼표를 사용한다. 이를 도식화하면 다음과 같다.

```
형용사 1, 형용사 2 + 명사
          ↑
       쉼표 사용
```

다음은 그 예이다.

She wore an old, faded dress.

위 예에서 명사 'dress'는 두 개의 형용사, 즉 'old'와 'faded'에 의해 수식을 받고 있다. 그런데 이 두 형용사는 대등한 자격으로 'dress'를 수식한다.

동일 명사를 수식하는 복수의 형용사가 대등한 자격인지 여부를 확인하는 방법은 다음에서 보는 것처럼 두 형용사 사이에 접속사 'and'를 넣어보거나, 두 형용사의 위치를 바꾸어보는 것이다. 그 결과 문법성이나 의미상 아무 문제가 없으면 그 두 형용사는 대등한 자격이라고 할 수 있다.

Test 1: She wore an old and faded dress.

Test 2: She wore a faded, old dress.

두 테스트에 의해 만들어진 문장이 문법적이므로, 이는 'old'와 'faded'가 대등한 자격으로 명사 'dress'를 수식함을 말해주는 것이다. 그러므로 이 두 형용사 사이에는 쉼표를 사용해야 한다.

그러나 다음에서 보는 바와 같이 두 형용사가 대등한 자격이 아닐 경우에는 쉼표를 사용하지 않는다.

She bought several colorful shirts.

위의 문장에서 명사 'shirts' 앞에 두 개의 형용사 'several'과 'colorful'이 자리하고 있다. 만일 이 두 형용사가 대등한 자격으로 'shirts'를 수식하고 있다면, 앞에서 언급한 두 테스트를 통과하여야 한다. 그러나 다음은 이 문장이 두 테스트를 통과하지 못함을 보여준다.

Test 1: She bought several and colorful shirts. (어색함)

Test 2: She bought colorful several shirts. (어색함)

따라서 이 두 형용사는 대등하지가 않다. 이 문장은 의미상으로 'colorful'이 'shirts'를 수식하여 'colorful shirts'가 하나의 의미 단위를 이룬 후, 'several'은 바로 이 'colorful shirts'를 수식하는 것으로 보아야 한다. 그러므로 이 둘 사이에 쉼표를 넣어서는 안 된다.

다음은 대등한 형용사들 사이에 쉼표가 사용된 추가 예들이다.

Silk is a strong, shiny fiber that is used to make cloth.

He was nothing but a low, mean, premature Congressman.

a complete, authoritative guide to modern punctuation

Dirty, overcrowded hospitals were always a problem.

I am married to a kind, considerate, thoughtful man.

Ireland's mild, moist climate is favorable for the growth of grass throughout the year.

Shakespeare's plays have attracted large audiences in big, sophisticated cities and in small, rural towns.

The loose, decentralized system of organization is a source of both strength and weakness for tribal societies.

4.4.
문장 앞머리의 부사적 요소introductory material와 쉼표

부사적 요소가 문장의 맨 앞에 나올 때, 특히 동사를 포함하는 부사적 요소가 문장의 맨 앞에 나올 때, 그 부사적 요소 다음에 쉼표를 사용한다. 다음에서와 같이 부사적 역할을 하는 종속절이 문장의 맨 앞에 나올 때가 대표적인 예이다.

When a man is tired of London, he is tired of life. (Samuel Johnson)

When the fox preaches, then beware your geese.

Where your will is ready, your feet are light.

Where there is no vision, the people perish. (Proverbs 29:18, KJV)

If the mountain will not come to Mahomet, Mahomet must go to the mountain.

If you wish to know a man, give him authority.

If God took me home tonight, I would leave here dancing.

As one grows older, one becomes wiser and more foolish.

🔍 참고 부사적 역할을 하는 종속절이 문장의 뒤에 나올 때는 주절과 종속절 사이에 일반적으로 쉼표를 사용하지 않는다. 그러나 사람에 따라, 특히 잠시 휴지pause를 의도할 때는, 쉼표를 사용하기도 한다.

종속접속사와 주어가 포함되지 않더라도, 동사를 포함하는 부사적 요소가 (즉 부사적 역할을 하는 to-부정사 구문이나 분사 구문, 목적어 역할을 하는 동사구를 포함하는 전치사구 등이) 문장의 맨 앞에 나올 경우에도 쉼표를 사용한다.

To locate places, you need to combine latitude and longitude.

To understand power, we need to begin with what real power is.

Using a new type of ship, the Portuguese sailed even further south.

Looking back, I could also see that Richard was my angelic guide.

Married in haste, we may repent at leisure.

Horrified, he returned to Spain.

Without recognizing the ordinances of Heaven, it is impossible to be a superior man. (Confucius)

Before looking at the problems related to stress, let us examine the relationship between stress and stressors.

동사를 포함하지 않더라도 전치사구 등이 문장의 맨 앞에 나올 경우에도 쉼표를 사용한다.

According to Freud, people are born with basic instincts or needs.

At this, I felt a shock ripple through my body.

At the third cup, wine drinks the man.

Like anybody, I would like to live a long life. (Martin Luther King)

In the country of the blind, the one-eyed man is king.

Since 1500, mapmaking has improved a great deal.

Throughout history, people have explored the unknown.

As a matter of fact, experts say that moderate amounts of stress improve productivity.

For the first time, I glimpsed a difference between religion and true spirituality.

이와 유사하게 여러 단어들이 문장 부사적 역할을 하는 경우(예: In fact/ Of course/ After all/ For example 등)에도 쉼표를 사용한다.

In fact, Musa Mali's real name was Mansa Musa.

After all, the chief business of the American people is business. (Calvin Coolidge)

Of course, I'm not perfect.

In the end, only four men survived.

뿐만 아니라, 부사적 역할을 하는 단어 하나가 문장의 맨 앞에 나올 경우에도 중간에 잠깐 끊어 읽는 것이 자연스러운 경우에는 다음에서 보는 바와 같이 쉼표를 사용한다.

Indeed, I tremble for my country when I reflect that God is just. (Thomas Jefferson)

이러한 유형에 속하는 표현들로는 다음과 같은 것들이 있다.

Personally,

Moreover,

Still,

Crucially,

Frankly,

However,

Therefore,

Nevertheless,

Then,

그런데 'however'의 경우 '그러나', '반면에' 등의 의미가 아닐 때는 끊어 읽어서도 안 되며, 따라서 쉼표를 사용해서도 안 된다.

However hard she tried, nothing seemed to work.

그런데 문장의 맨 앞에 나오는 부사적 요소라 하더라도 해당 부사적 요소가 대단히 짧아 굳이 끊어 읽을 필요가 없거나, 주절과 대단히 밀접한 관련이 있을 경우에는 예외적으로 쉼표를 생략하기도 한다. 이는 결국 글쓴이의 의도에 따라 쉼표를 사용할지 여부가 결정될 수도 있음을 의미한다.

In union there is strength. (Aesop, fable, "The Bundle of Sticks")

In Greece wise men speak and fools do decide. (Alcaeus, c. 625–c. 575 B.C.)

For extreme illnesses extreme treatments are most fitting. (Hippocrates, c. 460–400 B.C.)

그렇다 하더라도, 오해의 여지가 있는 경우에는 쉼표를 사용하는 것이 좋다.

When they arrived she was taking the cat out of the piano.
("When they arrived" 다음에 쉼표가 없어도 오해의 소지가 없음.)

When he returned home was not what it used to be.
("When he returned" 다음에 쉼표가 없으면 오해의 소지가 있음.
오해의 소지를 없애기 위해 다음과 같이 쉼표를 붙이는 것이 좋음.
When he returned, home was not what it used to be. cf. 본 장
4.10절)

4.5.
삽입 표현interrupters과 쉼표

문장 안에 삽입되는 표현의 양 옆에 쉼표를 사용한다. 그 대표적인
예가 앞에서 설명한 문두의 부사적 요소가 문장 안으로 삽입되는 경
우이다.

Custom, then, is the great guide of human life.

Practice, of course, is the medicine so many people find
hard to swallow.

Books and magazines, however, go places a spoken ser-
mon will never reach.

For some people, however, a single crisis can be psychologically shattering.

Benjamin Whorf noted, for example, that Eskimos have many more names for snow than do people in other cultures.

🔍 참고 이 표현들이 문장의 마지막에 나올 때는 앞부분에만 쉼표를 사용하고, 뒤에는 쉼표 대신 마침표 등을 사용한다.

Books and magazines go places a spoken sermon will never reach, however.

위와 같이 문장 부사적 성격을 지니는 표현 외에도, 앞에 나온 표현을 강조하기 위해 삽입되는 표현이나 동격을 이루는 표현에도 양 옆에 쉼표를 붙여 문장 내 다른 요소들과 구분한다.

A war, even the most victorious, is a national misfortune. (Helmuth von Moltke)

Archimedes, a Greek from Syracuse in Sicily, was probably one of the greatest scientists of ancient times.

Thomas Nast, an American cartoonist, completed the present-day image of Santa Claus.

Isaac Singer, a Polish-born author, won the 1978 Nobel

prize for literature.

참고 삽입된 표현을 강조하기 위해서 쉼표 대신 긴덧금을 사용하기도 한다.

A war—even the most victorious—is a national misfortune.

앞에서도 언급한 비제한적 관계대명사절의 경우도 이와 마찬가지로 양 옆에 쉼표를 사용한다.

This book, which is a work of fiction, literally transformed my life.

4.6.
대조적 표현과 쉼표

특정 표현과 대조되는 표현을 소개할 때 쉼표를 사용한다. 대조의 대상으로는 문자, 숫자, 단어, 구, 절 등이 모두 가능하다.

Adversity makes a man wise, not rich.

A genius is born, not made.

Counsel must be followed, not praised.

Power must be the servant, not the master. (Michael Korda)

We live by faith, not by sight. (2 Cor 5:7, NIV)

I do not attack fools, but foolishness. (Jacques du Laurens)

Man is born to live, not to prepare for life. (Boris Pasternak, *Doctor Zhivago*)

The earth belongs to the living, not to the dead. (Thomas Jefferson)

Most faults are not in our constitution, but in ourselves. (Ramsey Clark)

Do as I say, not as I do.

Focus on the problem, not who caused it.

4.7.
인용 표현과 쉼표

같은 문장 안에 따옴표를 사용하여 직접 인용하는 표현이 있을 때

다른 표현과 구분하기 위해 쉼표를 사용한다.[17]

I said, "Could I please have your autograph?"

At last they said, "Now the clothes are finished."

Jesus told him, "Go and do likewise." (Luke 10:37, NIV)

He replied, "Where there is a dead body, there the vultures will gather." (Luke 17:37, NIV)

인용 부분이 도치되는 경우의 구두점

인용 부분이 도치되어 앞으로 나갈 경우에는 인용 부분이 평서문이라면 다음에서 보는 바와 같이 도치된 인용 부분 맨 끝에 쉼표를 사용한다.

"A lot of people download papers and just change the names," said Samantha Brenner.

"Her voice is full of money," he said suddenly. (F. Scott Fitzgerald, *The Great Gatsby*)

....

17   쉼표 대신 겹점도 가능하다. 자세한 내용에 대해서는 본 장 6절을 참고할 것.

그러나 의문문이나 감탄문이 도치되는 경우에는 해당 물음표나 느낌표를 사용하며, 쉼표는 별도로 사용하지 않는다.

"Could I please have your autograph?" I said.

"Look at that!" he exclaimed.

4.8.
비제한적 관계대명사 및 관계부사 앞의 쉼표

1장 2.1절에서 설명하였다시피, 지시 내용이 결정되어 있는 선행사를 관계절로 수식하는 경우에 관계대명사 앞에 쉼표를 사용한다. 이의 대표적인 예가 다음에서 보는 바와 같이 선행사가 고유명사일 때이다.

Constantine I, who became emperor in 306, ruled the East and West Roman Empires after 324.

There he met Steve Jobs, who started Apple Computer in his garage.

With Alfred North Whitehead, Bertrand Russell wrote *Principia Mathematica*, which opened a new era in the study of the foundations of mathematics.

The reign of Augustus marked the beginning of the *Pax Romana* (Roman peace), which lasted for 200 years.

관계대명사의 선행사가 고유명사가 아니더라도 지시 내용이 결정되어 있으면, 마찬가지로 쉼표가 사용된다. 다음은 어떤 사람이 자신의 저서를 자기 아버지에게 헌정dedicate하면서 사용한 표현이다.

For my father, who made it all possible (Bassnett 1991 헌사)

'my father'가 고유명사는 아니지만 저자에게 아버지는 단 한 분밖에 없으므로 지시 내용이 결정된 셈이다. 따라서 관계대명사 'who'는 비제한적으로 사용된 것이며, 그 때문에 앞에 쉼표가 사용된 것이다.
　이는 다음에서 보는 바와 마찬가지로 관계부사의 경우에도 마찬가지이다.

Dr. Martin Luther King was rushed unconscious to St. Joseph Hospital, where he died.

I can remember my nineteenth birthday, when I had long hair.

즉 위의 예문에서 'St. Joseph Hospital'과 'my nineteenth birthday'는 그 지시 내용이 결정되어 있으므로, 그 다음에 나오는 관계부사 'where'와 'when' 앞에 쉼표가 사용된 것이다.

4.9.
호격vocative과 쉼표

이름 등 누군가를 부르는 표현을 문장 내 다른 부분과 구분하기 위해 쉼표를 사용한다.

Mother, get the ax ready!

Wife, bring me my magic hen!

Peter, what are you dreaming about this time?

Boys, be ambitious! (William S. Clark)

Rascals, would you live forever? (Frederick the Great)

Lord, make me an instrument of Your peace. (St. Francis)

Yes, Virginia, there is a Santa Claus.

How long, Catiline, will you abuse our patience? (Cicero)

I am an old man, sir, and good for nothing.

A man, sir, should keep his friendship in constant repair.

Don't worry, Bambi.

Go west, young man.

What kind do you want, lady?

4.10.
생략을 표시하는 쉼표

경우에 따라 쉼표로 어떤 요소가 생략되었음을 표시해주는 것이
문장 전체를 더욱 간결하게 하고 의미를 더욱 분명하게 해주기도 한
다. 다음은 그 예이다.

Smith is a collector of taxes; Jones, of stamps; Duane, of
women.

위의 예에서 'Jones'와 'Duane' 다음의 쉼표는 'is a collector'가
생략되었음을 표시해준다. 만일 'is a collector'를 계속 반복한다면,
다음과 같이 장황한 문장이 될 것이다.

Smith is a collector of taxes; Jones is a collector of stamps;
Duane is a collector of women.

결과적으로 쉼표가 문장을 훨씬 간결하고 명료하게 구성해주는
역할을 할 수 있음을 보여준다.

Pride goes before destruction, a haughty spirit __ before a fall. (Proverbs 16:18, NIV)
__ 자리에 'goes'가 생략되어 있지만 쉼표를 사용하지는 않았음.

But let judgment run down as waters, and righteousness __ as a mighty stream. (Amos 5:24, KJV)
__ 자리에 'run down'이 생략되어 있지만 쉼표를 사용하지는 않았음.

4.11.
오해misreading의 가능성을 없애기 위한 쉼표

다음 예에서는 'only'가 무엇을 수식하는지가 불분명하다.

On that day only new applicants can call in person.

즉 'only'가 'on that day'를 수식하는지, 'new applicants'를 수식하는지가 불분명하다. 이런 불확실성을 없애기 위해 다음과 같이 쉼표를 사용할 수 있다.

On that day only, new applicants can call in person. ('only' 가 'on that day'를 수식함)

On that day, only new applicants can call in person. ('only'
가 'new applicants'를 수식함)

즉 쉼표의 사용이 이 문장의 의미를 명료하게 해준다는 것이다.
다음 문장에서 'before'는 종속접속사가 아니라 부사로 사용되
었다.

Long before she had left everything to her brother.

그렇지만 이 문장을 처음 읽을 때 'before' 다음에 쉼표가 없으면
'before'를 종속접속사로 오해하여, 그 다음에 나오는 'she'를 종속절
의 주어로 잘못 분석할 가능성이 있다. 물론 문장 전체를 다 읽고 나
면 이것이 잘못임을 깨닫게 되기는 하지만, 일시적일 수도 있는 이런
오해의 가능성이라도 사전에 차단하기 위해서 다음과 같이 'before'
다음에 쉼표를 사용하는 것이 좋다.

Long before, she had left everything to her brother.

다음의 예들도 쉼표가 문장의 구성을 분명하게 해주어, 오해의 가
능성을 없애주는 것들이다 (cf. 1장 3절).

Inside, the house had been completely refurbished.

He felt sick, and tired of waiting.

To John, Smith was a puzzle.

After dark, fireflies came in large numbers.

4.12.
숫자와 쉼표

숫자는 기본적으로 1000 단위를 기준으로 하여 세 자리 수마다 쉼표를 사용한다. 다음은 그 예이다.

The attendance at our early Los Angeles meetings averaged about 3,000 each night and 4,000 on Sunday afternoons.

그러나 1000을 넘는 숫자라 하더라도 다음의 경우에는 쉼표를 사용하지 <u>않는다</u>.

① 전화번호: 444-5577 (444-5,577이 아님)
② 연도: the year 2011 (2,011이 아님)
③ 우편번호: TX 78712 (TX 78,712가 아님)

BUSINESS REPLY MAIL
FIRST CLASS MAIL PERMIT NO. 23911 LOS ANGELES, CA

POSTAGE WILL BE PAID BY ADDRESSEE

CIRCLE
TRACK

6725 Sunset Blvd.
P.O. Box 800
Los Angeles, CA 90078

우편번호 CA 90078에서 쉼표를 사용하지 않음. 즉 CA 90,078이라고 쓰지 않음.

④ 주소에서 도로명 앞에 사용되는 번지 수나 사서함 번호:

3500 Greystone Drive (3,500이 아님)

P.O. Box 7669 (P.O. Box 7,669가 아님)

주소에 사용되는 숫자에서 쉼표를 사용하지 않음. 즉 "7301 Burnet Road"에서 '7301'을 '7,301'이라고 쓰지 않음. 번지 수와 도로 이름 사이에 쉼표를 사용하지 않음에도 유의할 것. 즉 '7301'과 'Burnet Road' 사이에 쉼표를 사용하지 않음.

⑤ e-mail 주소에서 사용되는 숫자

⑥ 미국의 사회 보장 번호Social Security Number

미국의 사회 보장 번호. 앞의 3자리 숫자, 가운데 2자리 숫자, 그리고 마지막 4자리 숫자로 되어 있음. 마지막 자리가 1000을 넘지만 쉼표를 사용하지 않음. 우리의 주민등록번호에 해당함.

⑦ 개인에게 특정 번호를 부여할 때 (예: 첩보원의 번호, 죄수 번호 등)

넬슨 만델라의 죄수 번호. 개인에게 부여된 번호이므로 쉼표를 사용하지 않음. 즉 46,664라고 쓰지 않음.

⑧ 비밀번호
⑨ 일련번호serial number 등

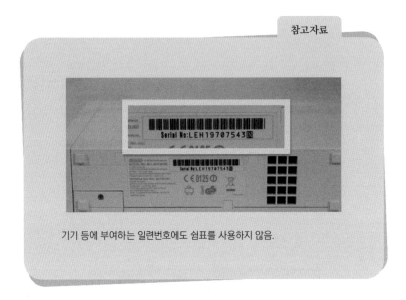

기기 등에 부여하는 일련번호에도 쉼표를 사용하지 않음.

4.13.
기타 관행적으로 사용되는 쉼표

① 날짜

숫자로 쓰인 날짜와 연도가 연이어 나올 때는 이 둘을 구분하기 위해 쉼표를 사용한다.

January 23, 1990 (cf. January 23 1990 (x))

On August 3, 1492, Columbus set sail with a crew of 90 sailors and three vessels.

그러나 날짜가 생략되거나, 날짜가 나오더라도 달 앞에 위치해 연도를 나타내는 숫자와 연이어 나오지 않을 때는 쉼표를 사용하지 않는다.

January 1990[18]

23 January 1990

Stephen Austin returned to Mexico in July 1833 to try to undo the Law of April 6, 1830.

또 요일을 날짜와 함께 표기할 때는 요일을 날짜 앞에 두며, 요일과 날짜 사이에 쉼표를 사용한다.

Thursday, March 12, 2009

The deadline was Monday, August 15, 2016.

날짜와 연도를 포함하는 표현이 문장 중간에 나올 때는 다음에서 보는 바와 같이 연도 다음에도 쉼표를 붙인다. 그러나 해당 표현이 문장의 맨 마지막에 나올 때는 쉼표 대신 마침표를 사용한다.

On June 25, 1950, troops from North Korea invaded South Korea.

---

18 "January, 1990"처럼 달과 연도 사이에 쉼표를 쓰는 경우가 간혹 있는데, 일반적인 용법으로 보기 어렵다.

Shelley was born on August 4, 1792, in Sussex into a wealthy and politically prominent family.
(cf. Shelley was born on August 4, 1792.)

② **주소**

주소를 쓸 때 맨 앞의 번지 수와 도로 이름 사이에는 쉼표를 사용하지 않는다. 그러나 도로 이름과 도시 이름, 도시 이름과 주 혹은 나라 이름 사이에는 각각 쉼표를 사용한다.

3500 Greystone Drive, Austin, TX 78731, USA

위의 주소를 편지 봉투에 적는 경우에는 줄을 바꾸는 지점에는 쉼표를 사용하지 않는다.

3500 Greystone Drive
Austin, TX 78731
USA

또한 도시와 주, 혹은 도시와 나라 이름 사이에는 쉼표를 쓰며, 이런 표현이 문장 중간에 나올 때는 다음에서 보는 바와 같이 주 혹은 나라 이름 다음에도 쉼표를 사용한다.

We arrived in Plymouth, England, at six in the morning.

Douglas MacArthur was born in Little Rock, Arkansas, on January 26, 1880.

Manchester Terrier is a breed of dog that originated in Manchester, England, during the 1800s.

③ 직책, 학위 등과 쉼표

사람 이름 다음에 직책, 학위 등을 나타내는 표현이 나올 때 쉼표를 사용한다. (문장 중간에 나올 때는 양쪽에 쉼표를 사용함.)

_____ , Ph.D.

_____ , M.D.

_____ , Sr. (Jr.)

Lisa Davis, Ph.D., and Robert Brown, M.D., are on the school board.

George King, Jr., was chosen as the first speaker.

④ 편지

편지 앞머리의 인사말에서 쉼표를 쓰는 것과 겹점을 쓰는 것에는 의미상 차이가 있다.

Dear Bill, (친한 사이에서 격식을 갖추지 않을 때)

Dear Uncle Tom, (친한 사이에서 격식을 갖추지 않을 때)

Dear Sir: (격식을 갖출 때)

Dear Mr. Johnson: (격식을 갖출 때)

Dear Dr. Brown: (격식을 갖출 때)

⑤ 희곡의 몇 막 몇 장을 나타내는 쉼표

햄릿 3막 3장을 영어로 표시할 때 'Act', 'Scene'을 포함시키는 경우에는 "*Hamlet* Act III, Scene iii" 등에서 보는 것처럼 쉼표를 사용한다.[19]

⑥ 성과 이름 사이

인명 사전 등에서 사람 이름을 쓸 때 성을 먼저 쓰고 이름을 나중에 쓰는 경우에는 성과 이름 사이에 쉼표를 쓴다 (cf. 1장 1.2절).

5.
따옴표quotation marks

따옴표는 기본적으로 다른 사람이 한 말이나 쓴 글을 그대로 따올 때, 즉 인용할 때 사용한다. 아울러 특별히 주의를 요하는 표현에

....

19 'Act' 및 'Scene' 표현 없이 로마숫자만을 사용할 때는 일반적으로 쉼표 대신 마침표를 사용해 'III.iii'으로 표기하며, 아라비아숫자를 사용하는 경우에도 마찬가지로 마침표를 사용한다.

사용하기도 한다. 그 외에 시, 수필, 단편 소설, 논문, 노래 등의 제목
에도 따옴표를 사용한다. 따옴표에는 큰따옴표double quotation marks
와 작은따옴표single quotation marks가 있다.

5.1.
직접 인용할 때

따옴표의 가장 기본적인 용법으로서 다른 사람이 한 말이나 쓴 글
을 그대로 인용할 때 사용한다. 인용할 때는 한 단어나 구를 인용할
때도 있고, 한 문장 전체를 인용하거나 경우에 따라서는 그보다 긴 말
이나 글을 인용할 때도 있는데, 이 모든 경우에 따옴표를 사용할 수
있다. 미국에서는 한 단어를 인용할 때도 큰 따옴표double quotation
marks를 사용하는 것이 일반적이다. 다음은 그 예들이다.[20]

....

20 영국의 출판물에서는 미국에서와 달리 인용 부분에 작은따옴표를 사용하는 것이 일
    반적이다. 이는 한 단어뿐 아니라, 구(phrase)나 문장의 경우에도 마찬가지이다. 다음
    은 영국식 따옴표 사용의 예이다.

    John Osbourne (b. 1929), the playwright, has described himself as educat-
    ed at 'a rather cheap boarding-school'.

    다음은 'Byronic hero'라는 동일한 표현에 대한 인용 표시가 미국 영어와 영국 영어
    에서 어떻게 다른지를 보여준다.

    〈미국식〉

    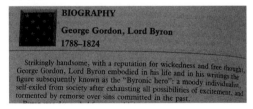

▌한 단어를 인용하는 예

In the midwestern United States, people drink "pop." In other places, it's called a "soda."

▌구를 인용하는 예

This kind of indirect learning is what some of us like to call a "head fake."

In place of the power and authority of priests, Protestants substituted what they called the "priesthood of all believers."

She describes me as "alert, but not terribly precocious."

She finishes the section by saying "begin with the end in mind."

....

(미국의 Scott, Foresman and Co에서 1989년에 펴낸 *England in Literature* (America Read Classic Edition) p. 490의 일부. 해당 표현 양 옆에 큰따옴표가 사용됨.)

〈영국식〉

'I awoke one morning and found myself famous,' was Byron's comment. In Childe Harold (the title 'Childe' alludes to a way of styling the hero found in ballads) we meet for the first time the character who has come to be known as the 'Byronic hero'. His qualities were summed up by Macaulay, 'a man proud, moody, cynical, with defiance on his brow, and misery in his heart, a scorner of his kind, implacable in revenge, yet capable of deep and strong affection'. The character owes something to Milton's Satan, to the dauntless

(영국의 Oxford University Press에서 1987년에 펴낸 *The Oxford Illustrated History of English Literature* p. 297의 일부. 해당 표현 양 옆에 작은따옴표가 사용됨. 뿐만 아니라 문장(즉 첫째 줄의 I awoke one morning and found myself famous)을 인용하면서도 작은따옴표를 사용함.)

The new president said "the people expect reform."

The old adage "Necessity is the mother of invention" proved true.[21]

그런데 인용하는 말 사이에 "he said" 등의 표현을 삽입하는 경우가 있는데, 이런 때에는 삽입 표현 양 옆에 쉼표를 치거나, 나머지 부분을 새로운 문장으로 독립시켜 인용할 수 있다. 물론 인용 부분에는 다음에서와 같이 따옴표를 둘러야 한다.

"In America," he said, "there are enough fertile lands to feed all the poor of England."

"I am madly underlining everything," she said. "It's so fabulous. You have to read it."[22]

🔍 참고 1 'say' 등의 동사를 사용해 인용하는 경우, 동사 혹은 동사구

....

21 인용된 문장이 전체 문장의 중간에 나올 때는 인용된 문장의 마지막에 마침표를 찍지 않는다. 즉 해당 예문에서 인용된 문장의 마지막 단어인 'invention' 다음에 마침표를 사용하지 않는다.
22 기본적으로 삽입 표현이 들어가기 직전에 원래 있던 구두점을 삽입 표현 다음에 사용한다. 즉 "In America, there are enough fertile lands to feed all the poor of England."에서 "he said"를 "In America," 다음에 삽입할 때 "America" 다음에 원래 있던 쉼표를 "he said" 다음에 사용한다. 또 "I am madly underlining everything. It's so fabulous. You have to read it."에서는 "I am madly underlining everything." 다음에 "she said"가 삽입되었고, 삽입 표현 직전의 구두점이 마침표이므로 삽입 표현 다음에 마침표를 사용한 것이다.

다음에 쉼표를 치거나 겹점을 칠 수 있다. 이때 인용 부분의 첫 단어는 대문자로 시작한다.

> Don't be afraid to say, "I love you."
> Socrates says, "The unexamined life is not worth living."
> Heidegger said: "Being speaks Greek."
> I remembered a quotation from Shakespeare: "Frailty, thy
>   name is woman!"

이에 비해 인용 부분을 문장의 일부로 사용하는 경우에는 쉼표나 겹점을 치지 않으며 인용 부분의 첫 단어도 고유명사가 아닌 한 대문자로 시작하지 않는다.

> The new president said "the people expect reform."

🔍 **참고 2** 간접 인용일 때는 따옴표를 사용하지 않는다.

> 직접 인용: The mayor said, "I intend to veto that bill."
> 간접 인용: The mayor said that he intended to veto that
>   bill.

🔍 **참고 3** 상당히 긴 글을 인용할 때는 다음 참고자료에서 보는 것처럼, 따옴표를 사용하는 대신 해당 부분 전체를 들여쓰기를 함으로써 인용 부분을 표시하기도 한다. MLA style에 따르면 산문의 경우 4줄을 초과하거나, 운문의 경우 3줄을 초과하면 긴 글로 간주한다. 이때 인용 부분에는 대개 본문 활자보다 작은 활자를 사용한다.

> The views of the ancient Greeks were also consonant with those in the Bible. Aristotle famously observed:
>
> > Plants exist for the sake of animals, and brute beasts for the sake of man—domestic animals for his use and food, wild ones (or at any rate most of them) for food and other accessories of life, such as clothing and various tools.
> >
> > Since nature makes nothing purposeless or in vain, it is undeniably true that she has made all animals for the sake of man.[2]

아리스토텔레스Aristotle가 한 말이 길므로 본문 속에서 따옴표를 사용해 인용하지 않고 "Aristotle famously observed" 다음에 겹점을 한 후 전체를 들여쓰기하여 인용 부분을 소개하고 있다.[23] 출처: Jagdish Bhagwati의 *In Defense of Globalization* (Oxford University Press, 2004, p. 135)

🔍 **참고 4** 여러 단락을 인용하는 경우에는 여는 따옴표는 각 단락의 맨 앞에 각각 하지만, 닫는 따옴표는 맨 마지막 단락의 끝에만 하기도 한다.

....

23 이런 경우에도 인용 부분에 따옴표를 사용하는 것 자체가 금지되는 것은 아니다.

> ### WAKE UP AND SMELL THE COFFEE! / 313
>
> "The thing is that I look pretty harmless and pretty ordinary. In fact, I try to look like I belong wherever I am. I'm neither big or small. I'm deliberately clean cut. Nobody who knows me would think I'd do such a thing.
>
> "Darkness is my friend, but I don't always hunt after dark. The end of the workday is my time. Everybody's too interested in getting the hell out to pay much attention to what's going on around them.
>
> "Shopping centers around closing time are good, too. Many of the women I've raped came my way because they were dumb. They stayed late and parked a long way from the store. They locked their keys in their cars or left their lights on and ran the batteries down.
>
> "I pick my women because of their situations, which I've studied before I move. Looks don't mean a lot to me, but she's always alone in a place where nobody else will come, or I get her to go to one. You'd be amazed how easy that is.
>
> "About self-defense for women: Don't make me laugh. I don't go after a woman who looks like she'd be able to whip me in a fight.
>
> "The best protection from me you working women have is company or a locked door you're smart enough not to open when I ask. More than that, the best protection from me is to remember there are lots of guys like me out here who are looking for you."

Wake Up and Smell the Coffee! (Ann Landers 지음, 1996년 Villard Books 발행) p. 313의 일부. 여러 단락이 인용되어 있지만 닫는 따옴표는 마지막 단락에만 사용되어 있다.

5.2.
인용 부분 안에서 다시 인용할 때

인용 부분 안에 인용 부분이 포함될 때는 다음에서와 같이 작은 따옴표를 사용하여 표시한다.

He said, "I heard the woman shout 'Help me' but could

not reach her in time."

His next thought was, "If I cannot live with myself, there must be two of me: the 'I' and the 'self' that 'I' cannot live with."

A slightly different wording of his statement appeared in the Chinese press: "We don't have the same 'God' but . . . it doesn't prevent us from having a good talk together."

He replied, "Go into the city to a certain man and tell him, 'The Teacher says: My appointed time is near. I am going to celebrate the Passover with my disciples at your house.'" (Matthew 26:18, NIV)

참고 영국 영어에서는 인용 부분을 작은따옴표를 사용하여 표시하는 것이 더 일반적이므로, 인용 부분 안에서 다시 인용을 할 때는 큰따옴표를 사용한다. 따라서 위의 예문들 중 첫 번째 예문을 영국 영어에서는 다음과 같이 표시한다.

He said, 'I heard the woman shout "Help me" but could not reach her in time.'

이와 같은 따옴표 사용이 한국 독자에게는 매우 낯설게 느껴질 것이다.

다음은 영국의 Oxford University Press에서 1987년에 펴낸 *The Oxford Illustrated History of English Literature* 중에서 작은따옴표 안에 큰따옴표가 사용된 예를 발췌한 것이다.

> someone else's wife ('The ancient acquaintance, madam . . .'). He is more concerned that she keep mum, because her husband has a habit of bruising his neighbours' and servants' 'brainpans'. Naturally, there is a Chaucerian relish in the descriptions of rival horses, and lovers, and her riding them: 'Spur up at the hinder girth, with, "Gup, morell, gup!" / With, "Jayst ye, jennet of Spain, for your tail wags!"' Yet nothing in Skelton is ever salacious or vile—

(81쪽 내용 일부. 첫 줄에서는 한 문장을, 그리고 셋째 줄에서는 한 단어를 각각 작은따옴표를 사용하여 인용하고 있다. 넷째 줄 말미에서 여섯째 줄 사이의 인용 부분 중 일부를 큰따옴표를 사용하여 표시하고 있다.)

> stylized and literary than Synge or Yeats might have wanted to admit. Synge's play was noisily rejected on its first production in Dublin in 1907, much to the disgust of Yeats, who responded with a bitter poem, 'On Those that Hated "The Playboy of the Western World"'. Yeats's ideal Ireland was divided

(389쪽 내용 일부. 작은따옴표로 표시된 시 제목 안의 일부를 큰따옴표를 사용해 표시하고 있다.)

5.3.
대화체 글에서 화자가 바뀔 때

대화체 글에서 화자가 바뀌는 경우 그것을 표시하기 위해 따옴표를 사용한다. 다음은 전화 대화의 예로서 화자가 바뀔 때마다 따옴표가 사용되었다. 한 가지 주의할 것은 이때 화자가 바뀔 때마다 그 화자가 누구인지 표시해 주어야 하는 것은 아니라는 점이다.

"Mrs. Leach?"

"Yes?"

"It's about Patrick."

"What's happened?" I said.

"Your son has had a seizure. He's on his way to the hospital."

5.4.
특별히 주목하게 할 목적으로

특별히 주목을 하게 할 목적으로 따옴표를 사용하기도 한다.

Don't drive in another driver's "blind spot."

다음에서와 같이 단어나 표현 자체를 지칭할 때도 이와 같은 경우로 볼 수 있다. 그런데 이런 경우에는 따옴표 대신 기울임체를 사용할 수도 있다.

Many people confuse "affect" and "effect."

This is what economists call the "income effect."

5.5.
제목의 경우

상대적으로 짧은 글(즉 책보다는 짧은 분량의 단편 소설, 수필, 신문 기사, 논문 등)이나 시, 노래 등의 제목에 따옴표를 사용한다. 다음은 그 예들이다.

What is the rhyme scheme of Andrew Marvell's "Delight in Disorder"? (시 제목)

Have you read O. Henry's "The Cop and the Anthem"? (단편 소설 제목)

"Shooting an Elephant" describes George Orwell's experiences in Burma. (수필 제목)

We drove lakeside singing John Denver's "Some Days Are Diamonds" at the top of our lungs. (노래 제목)

5.6.
다른 구두점들과의 상대적 위치 (미국식을 중심으로)

① 쉼표, 마침표와 따옴표
쉼표와 마침표는 항상 닫는 따옴표보다 먼저 쓴다. 문장 맨 마지막의 단어 하나만을 인용할 때도 마찬가지이다. 본문에서 제시한 예

중 상당수가 이를 보여준다. 다음의 예도 같은 내용을 보여준다.

Yet, men do feel "feminized," as many men I interviewed put it.

Labor economists call this being "underemployed."

The United Kingdom is the exception in having only a "virtual constitution."

주의 1 영국 영어에서는 인용 부분에만 따옴표를 쓰고, 쉼표나 마침표가 인용 부분과 무관할 때는 따옴표 밖에 쓴다. 즉 영국 영어에서는 위의 예들을 다음과 같이 표시한다. (앞에서도 설명한 바와 같이 영국에서는 흔히 작은따옴표를 사용함.)

Yet, men do feel 'feminized', as many men I interviewed put it.[24]

Labor economists call this being 'underemployed'.

The United Kingdom is the exception in having only a

....

24 다음에서와 같이 완전한 문장이 도치되거나 문장 앞부분에서 인용될 때는 영국식에서도 쉼표를 먼저 한 후 닫는 따옴표를 한다.

　　　'You live in West Egg,' she remarked contemptuously.
　　　'I awoke one morning and found myself famous,' was Byron's comment.

'virtual constitution'.

주의 2 알파벳 철자나 숫자일 경우는 미국식에서도 예외로 쉼표나 마침표를 따옴표 밖에 쓴다. 다음은 그 예이다.

She went to gate "Y", but her ticket indicated the proper entrance was "G".

② **물음표, 느낌표, 긴덧금과 따옴표**

물음표, 느낌표, 긴덧금은 이들이 인용 부분의 일부일 때는 따옴표 안에 쓰고, 인용 부분에 포함되지 않을 때는 따옴표 밖에 쓴다.

She said, "Will I see you tomorrow?"[25]

Didn't she say, "I'll see you tomorrow"?

He shouted, "I've won the lottery!"[26]

If only I could write a story like David Wallace's "Girl

....

25 이때 전체 문장을 끝내는 마침표는 찍지 않는다. 또한 물음표가 사용된 인용 부분이
    문장 앞으로 도치될 때 다음에서 보는 바와 같이 별도의 쉼표를 사용하지 않는다.

     "Will I see you tomorrow?" she said.

26 이때도 전체 문장을 끝내는 마침표는 찍지 않는다. 또한 느낌표가 사용된 인용 부분이
    문장 앞으로 도치될 때도 다음에서 보는 바와 같이 별도의 쉼표를 사용하지 않는다.

     "I've won the lottery!" he shouted.

with Curious Hair"!

주의 인용 부분이 의문문이고 전체 문장도 의문문일 경우에는 인용 부분 안의 물음표 하나만을 쓴다.

Have you ever asked, "May I come in?"[27]

③ 겹점, 반겹점과 따옴표

겹점과 반겹점은 따옴표 밖에 쓴다 (즉 따옴표를 먼저 쓴 후 겹점이나 반겹점을 쓴다).

This is the first line of Johnson's "Song to Celia": "Drink to me only with thine eyes."

According to Shakespeare, the poet writes in a "fine frenzy"; by "fine frenzy" he meant a combination of energy, enthusiasm, imagination, and a certain madness.

....

27 어떤 사람들은 인용문 안의 물음표뿐 아니라 문장 전체에 해당하는 물음표를 모두 써야 한다고 주장하기도 한다. (cf. Allen, p. 41)

6.
겹점the colon

겹점은 기본적으로 특정 요소에 대한 설명을 덧붙일 때 사용한다. 특히 목록을 덧붙일 때나 인용 혹은 부연 설명을 덧붙일 때 사용한다. 대표적 예가 뒤이어 설명하는 바와 같이 앞부분에 "as follows" 혹은 "the following" 등의 표현이 포함되어 있을 경우이다. 겹점 다음 부분이 바로 이 내용이 무엇인지를 '설명'해주는 역할을 하는 것이다. 아울러 관용적으로 겹점이 사용되는 경우들도 있다.

6.1.
"as follows"나 "the following" 등의 표현 다음에 목록이나 설명을 덧붙이기 위해 사용하는 겹점

다음의 예들에서처럼 "as follows"나 "the following" 등의 표현을 부연 설명해주는 요소를 소개하기 전에 겹점을 사용한다.

The recommended treatment for a cold is as follows: plenty of fluids, bed rest, and aspirin for fever.

Write down the following information: name of product, type, date purchased, and price.

Draw a concept map that shows the energy relationships

between the following items: producer, sunlight, carnivore, and herbivore.

'following'이 단순히 'next'의 의미로 쓰일 때는 그 내용을 설명할 필요가 없으므로 겹점도 사용하지 않는다.

We went to dinner the following Monday evening.

The following year she joined the Royal Opera House.

의미상으로 "as follows"나 "the following"과 유사한 표현이 등장할 때도 마찬가지로 겹점을 사용한다. 예를 들어 "here is"나 "here are" 혹은 'this'나 'these' 등의 표현을 사용한 후, 그 표현들이 지시하는 내용을 나열하거나 또는 구체적으로 설명하는 경우에 겹점이 사용된다.

참고자료

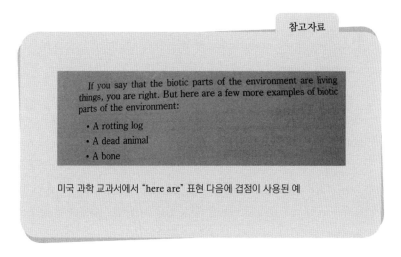

> If you say that the biotic parts of the environment are living things, you are right. But here are a few more examples of biotic parts of the environment:
>
> • A rotting log
> • A dead animal
> • A bone

미국 과학 교과서에서 "here are" 표현 다음에 겹점이 사용된 예

6.2.
앞부분의 특정 요소를 설명하는 경우

이때는 마치 "the following" 등의 표현이 숨어 있는 것처럼 해석되는 경우이다. 그 대표적인 경우가 'two', 'three' 등 숫자를 포함하는 표현을 설명할 때이다. 다음은 그 예이다.

According to Newton, a planet's motion around the sun is the result of two factors: inertia and gravity.

There are two days when a woman is a pleasure: the day one marries her and the day one buries her. (Hipponax c. 570–520 B.C.)

Freud described the personality as having three major components: the id, the ego, and the superego.

There are three main kinds of lies: lies, damned lies, and statistics. (Mark Twain)

American consumers are particularly fond of three things: comfort, cleanliness, and novelty.

There are three kinds of people in the world: those who watch things happen, those who ask what happened, and those who make things happen.

Three passions, simple but overwhelmingly strong, have governed my life: the longing for love, the search for knowledge, and unbearable pity for the suffering of mankind. (Bertrand Russell)

Most people live in a part of the Earth that has four distinct seasons: winter, spring, summer, and autumn.

It may help you to keep in mind that all punctuation serves one of four general purposes: to terminate, to introduce, to separate, to enclose.

There are seven continents on the Earth: Asia, Africa, Europe, Australia, North America, South America, and Antarctica.

그 외에도 다음과 같은 예들을 들 수 있다.

The first lesson is perhaps the most important one in the book: finding a thesis.

We have a choice: to plow new ground or let the weeds grow.

I dedicate this book to my priceless staff: Kathy Mitchell, Marcy Sugar, Barbara Olin, and Catherine Richardson.

This fact forces upon our attention a disturbing observation: governments that can accelerate globalization can also reverse it.

Sahlins elaborates this notion by considering a particularly spectacular case: the arrival of Captain Cook in Hawaii.

주의 1 일반적으로 겹점 앞부분은 일단 완전한 문장이 되어야 하는 것으로 간주된다. 따라서 'such as'나 'including' 바로 다음에 겹점을 사용하거나, 타동사와 목적어, 혹은 전치사와 목적어 사이에 겹점을 사용하는 것은 바람직하지 않은 것으로 간주된다. 즉 다음과 같은 표현은 일반적으로 피하는 것이 좋다.

> . . . such as:
> . . . including:
> I am fond of:
> He likes to see:

그러나 간혹 이런 예가 권위 있는 출판물에서 발견되기도 한다.

주의 2 겹점 다음에 완전한 문장이 나올 때(주로 앞부분을 부연 설명하거나 요약할 때임)는 일반적으로 해당 문장의 첫 글자는 대문자로 쓴다. 다음은 그 예이다.

She had come to a realization: She was in love, after all.

The question remains: Why do people fill in the blanks?

The moral to the story is clear: People will find evidence or distort information and reality to fit their beliefs.

그러나 겹점 다음에 완전한 문장이 나올 때 그 문장을 대문자로 시작하는지 아니면 소문자로 시작하는지에 대해서는 통일된 견해가 없다.[28] 중요한 것은 같은 글 안에서는 일관성을 유지하는 것이다. 참고로 최근 미국에서 발행되는 인쇄물에서는 이런 경우 대문자로 시작하는 것이 더 일반적으로 판단된다.

6.3.
인용할 때

겹점은 인용할 때 사용되기도 한다. 이를 쉼표를 사용해 인용문을 소개하는 경우(cf. 본 장 5.1절)보다 더 격식을 갖춘 것으로 보기도 하며, 사람에 따라서는 인용문의 길이가 상대적으로 길 때 (7단어 이상이거나 특히 여러 문장으로 이루어질 때) 사용하는 것으로 보기도 한다.

Dad often said to me: "Work hard. Be honest. Always show up on time."

....

28 혹자는 겹점 앞부분과 밀접한 관련을 맺는 보충적 내용을 소개할 경우에는 소문자로 시작한다고 주장하기도 하나 (cf. Shaw p. 49), 통일된 견해는 아니다.

After I got my PhD, my mother took great relish in intro-
ducing me by saying: "This is my son. He's a doctor, but
not the kind who helps people."

6.4.
관행적 사용

겹점은 또한 다음과 같은 경우에 관행적으로 사용되기도 한다.

① 제목과 부제 사이

Knowledge of Language: Its Nature, Origin, and Use

The New Liberalism: The Rising Power of Citizen Groups

Civil Society and the State: New European Perspectives

② 시간과 분 사이

10:15 a.m.

6:40 p.m.[29]

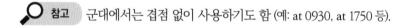 **참고** 군대에서는 겹점 없이 사용하기도 함 (예: at 0930, at 1750 등).

....

29 영국에서는 겹점 대신 마침표를 사용하기도 한다 (cf. 3장 1.6절).

시간과 분 사이뿐 아니라 분과 초 사이에도 사용할 수 있음 (예:
The runner passed the halfway point at 1:23:02.).

③ 성경 구절을 인용할 때 장chapter과 절verse 사이

John 15:1[30]

Matthew 25:40[31]

🔍 **참고** 일부에서는 겹점 대신 마침표를 사용하기도 하며 (cf. 3장
1.6절), 한국어에서는 겹점 대신 쉼표를 사용하기도 함.

④ 격식을 갖춘 편지의 앞머리 인사 표현에서

Dear Dr. Smith:

⑤ 메모 등에서

Date: February 7, 2011
To: Dean Robert King
From: Professor Sue Schmerling
Re: Student Work-Study Program

⑥ 출판사 소재 도시와 출판사 이름 사이 (참고문헌 등에서)

Chicago: The University of Chicago Press

....

30 I am the true vine, and my Father is the gardener. (NIV)
31 The King will reply, "I tell you the truth, whatever you did for one of the least
    of these brothers of mine, you did for me." (NIV)

London: George Allen and Unwin

🔍 참고 겹점 대신 쉼표를 사용하기도 함. 이때는 출판사 이름을 먼저 쓰고 도시 이름을 나중에 씀 (예: George Allen and Unwin, London 등).

⑦ 비율을 표시할 때

6:3:3 (fertilizer mixed 6:3:3)

2:4::4:8 (two is to four as four is to eight, 이처럼 겹점 두 개를 사용하는 경우에는 이중 겹점double colon이라고 부름)

7.
반겹점the semicolon

반겹점은 기능상으로 쉼표와 마침표의 중간 역할을 하는 구두점이다. 다시 말해 반겹점에 의해 분리된 두 요소를 같은 문장 안의 요소로 보기에는 멀고, 완전히 별개의 요소로 보기에는 가깝다는 것이다.[32]

....

32 세미콜론(semicolon)이라는 이름은 어원적으로 '반'콜론(half a colon)을 뜻한다. 이는 100년 전쯤까지는 콜론과 세미콜론이 서로 혼용되었기 때문인데, 이러한 용법은 현재에는 이미 사라졌으므로, 엄밀한 의미에서 이는 잘못된 이름(misnomer)이라고 할 수 있다. 오늘날의 용법에 따르면 세미콜론은 '반콜론'이라기보다는 반마침표(semi-period)라고 칭하는 것이 더 적절하다고 할 수 있다. 세미콜론을 남발하는 것은 피하여야 하는데, 어떤 이들은 세미콜론의 오용을 '후두염', '맹장염' 등처럼 '세미콜론염'(semicolonitis)이라고 부르기까지 한다. 21세기에 들어와 세미콜론은 상대적으로 인기가 떨어지는 경향을 보이고 있다 (cf. Allen p. 35). 일상적 글이나 현대 소설에서는 세미콜론 회피 경향이 나타나고 있으며, 특히 어린이들을 위해 글을 쓰는

반겹점의 대표적 용법은 "쉼표 + 등위접속사"를 대신하는 용법이다.

7.1.
"쉼표 + 등위접속사" 대용

다음에서 보는 바와 같이 반겹점은 완전한 절 두 개를 대등하게 연결하는 "쉼표 + 등위접속사"를 대신할 수 있다 (cf. 1장 2.2절).

Anger is a weed, and hate is the tree.
⇒ Anger is a weed; hate is the tree. (St. Augustine)

이를 도식화하면 다음과 같다.

```
문장 1, {and/but/for/so ...} + 문장 2
                 ⇓
문장 1;                      문장 2
```

다음은 두 개의 대등한 절을 반겹점으로 연결한 예들이다. 독자들은 생략된 등위접속사가 무엇인지 각자 생각해보기 바란다.

A quitter never wins; a winner never quits.

....

동화작가들은 세미콜론이 어렵다는 이유로 사용을 꺼리기도 한다.

Accountability is not a skill; it is a mindset.

Old soldiers never die; they just fade away.

I'm from Missouri; you've got to show me.

Live innocently; God is here.

Gray hair is a crown of splendor; it is attained by a right-eous life. (cf. Proverbs 16:31)

Create the future you want; don't get stuck in the past.

People who have no weaknesses are terrible; there is no way of taking advantage of them. (Anatole France)

Always forgive your enemies; nothing annoys them so much. (Oscar Wilde)

Youth is a blunder; manhood a struggle; old age a regret.[33] (Benjamin Disraeli)

A good apology is like an antibiotic; a bad apology is like

....

33 "Youth is a blunder; manhood is a struggle; old age is a regret."에서 두 번째 및 세 번째 문장의 동사 'is'가 생략됨.

rubbing salt in the wound.

쉼표 접속 오류comma splice

영어에서 두 개의 완전한 절을 접속사 없이 쉼표만으로 연결하는 것은 일단 금지되며, 이를 쉼표 접속 오류comma splice라고 한다. 다음은 그 예이다 (cf. 1장 2.2절).

Always forgive your enemies, nothing annoys them so much.

위의 문장이 문법적이 되기 위해서는 다음에서 보는 바와 같이 쉼표 다음에 적절한 접속사가 첨가되거나, 아니면 두 문장으로 분리되어야 한다.

Always forgive your enemies, for nothing annoys them so much.

Always forgive your enemies. Nothing annoys them so much.

물론 쉼표 대신 반겹점을 사용하면 아무 문제도 없게 된다는 것은 앞에서 설명한 바와 같다.

그런데 영어에는 대등한 절들을 접속사 없이 쉼표만으로 연결시킬 수 있는 예외적 경우가 있다. 다시 말해 쉼표 접속이 허용되는 경우가 있는데, 다음에서 보는 바와 같이 병렬적parallel 구조를 가진 대단히 짧은 절이 반복될 때, 접속사 없이 쉼표만으로 이 절들을 연결할 수 있다 (cf. 1장 2.2절).

I came, I saw, I conquered. (Veni, vidi, vici.)

Life is short, art is long.

Criticism is easy, art is difficult.

Two's company, three's a crowd.

Love me, love my dog.

Speech is silver, silence is golden.

Good writers borrow, great writers steal.

Waste not, want not.

Winning isn't everything, it's the only thing.

The fool wanders, the wise man travels.

The wise seek wisdom, a fool has found it.

Words fly, writings remain.

Knowledge is one thing, virtue is another.

Man proposes, God disposes.

Marry in haste, repent at leisure.

Man Are from Mars, Women Are from Venus (John Gray의 책 제목)

Fate chooses our relatives, we choose our friends. (Jacque Delille 1738-1813)

주의 2 접속부사는 접속사가 아니다.

사람에 따라서는 'however', 'nevertheless', 'therefore', 'consequently', 'then' 등의 접속부사conjunctive adverb를 접속사와 혼동하기도 한다. 예를 들어 'however'는 'but'처럼 접속사로 기능할 수 없으므로 다음 문장은 쉼표 접속에 해당한다.

This job is not simple, however, it is exciting and rewarding.

위의 문장을 문법적으로 만들기 위해서는 'however'를 'but'로 바꾸거나, 두 절을 분리하는 방법이 있다.

This job is not simple, but it is exciting and rewarding.

This job is not simple. However, it is exciting and reward-
ing.

또는 반겹점을 사용할 수도 있다.

This job is not simple; however, it is exciting and rewarding.

따라서 반겹점은 접속부사로 연결된 두 절을 적형하게 연결하는
구실을 한다고 할 수 있다.

7.2.
쉼표 포함 항목들을 나열하거나 연결할 때 사용하는 반겹점

다음 예문에서 'Mary'가 파티에서 만난 사람은 몇 사람일까?

At the party Mary met Elaine Bush, a math teacher, Bob
Nope, a movie actor, and John Smith, a baseball player.

글쓴이가 의도한 것은 세 사람이다. 즉 이 문장은 다음의 3 항목
을 나열한 것이며, 'Mary'는 'Elaine', 'Bob', 'John' 세 사람을 만난
것이다.

Elaine Bush, a math teacher
Bob Nope, a movie actor
John Smith, a baseball player

이렇게 쉼표를 포함하는 항목을 나열할 때는 다음에서 보는 바와 같이 반겹점을 사용하면 오해를 막을 수 있다.

At the party Mary met Elaine Bush, a math teacher; Bob Nope, a movie actor; and John Smith, a baseball player.

이를 도식화하면 다음과 같다.

```
_____,_____;_____,_____; and _____,_____
  항목 1    항목 2         항목 3
```

이는 여러 항목을 나열할 때뿐 아니라 두 개의 항목을 연결할 때도 적용되며, 이때 모든 항목이 아니라 일부 항목에만 쉼표가 사용되더라도 반겹점을 사용하는 것이 좋다.

The assistant chefs chopped onions, green peppers, and parsley; sliced chicken and duck breasts into strips; started a broth simmering; and filled a large, shallow copper pan with oil.

The meeting last night, the most argumentative and confusing thus far, lasted until midnight; and unless something unexpected happens in the meantime, the next meeting may last even longer.

The apostrophe has three uses: to form the possessive case of nouns and of certain pronouns; to indicate the plurals of letters, numerals, symbols, and certain abbreviations; to indicate omission of a letter or letters from words and of a figure or figures from numerals.

참고 경우에 따라서는 등위접속사로 연결된 두 절 혹은 두 절 중 하나가 너무 길 때에도 반겹점을 사용할 수 있으며, 등위접속사로 연결된 절들이 비교적 짧을 경우에도 강조를 위해 반겹점과 등위접속사를 함께 사용하기도 한다.

He could hear the excitement of their talk from the next room; but he could not distinguish what they were saying.

8.
올린쉼표the apostrophe

우리나라에서 흔히 '어포스트로피'라고 불리는 '올린쉼표'는 기본적으로 소유격을 표시하는 기능을 한다. 아울러 글자, 숫자 등의 복수형을 표시하기도 하고, 어떤 요소가 생략되었음을 표시하기도 한다.

8.1.
소유격 표시와 올린쉼표

올린쉼표의 1차적 기능은 명사의 소유격을 표시하는 것이다. 이를 단수 명사의 경우, 복수 명사의 경우, 복합 명사의 경우, 공동 소유와 개별 소유의 경우 등으로 나누어 설명할 수 있는데, 아래에서 이들을 하나씩 설명하기로 한다.

8.1.1.
단수 명사의 소유격

단수 명사의 경우는 다음에서 보는 바와 같이 올린쉼표와 's'를 붙여 표시한다.

the man's house

the writer's pen

my daughter's desk

the ship's name

my life's aim

8.1.2.
복수 명사의 소유격

복수 명사의 소유격은 복수형 어미 '-s'가 부착된 경우는 올린쉼표만을 사용한다.

the girls' high school

the boys' father

several weeks' vacation

그러나 's'로 끝나지 않은 복수형의 소유격은 올린쉼표와 's'를 함께 사용하여 표시한다.

a children's hospital

a women's college

your teeth's worst enemy

8.1.3.
복합 명사의 소유격

복합 명사의 경우에는 복합 명사의 맨 마지막 단어에 올린쉼표와 's'를 붙여 소유격을 표시한다.

my daughter-in-law's car

덧금으로 연결된 복합 명사뿐 아니라 여러 단어로 이루어진 명사적 표현, 즉 명사구의 경우도 맨 마지막 단어에 올린쉼표와 's'를 붙여 소유격을 표시한다. (이를 영어로는 'group genitive'라고 부름.)

the Museum of Modern Art's Director

the man next door's cat

the head of department's office

nobody else's fault

Lord, open the king of England's eyes. (William Tyndale c. 1494-1536)

8.1.4.
공동 소유와 개별 소유의 구별

다음 두 표현은 올린쉼표의 위치가 서로 다른데, 이 때문에 두 표현 간에 의미의 차이가 발생한다 (cf. 1장 1.3절).

John and Mary's children ('John'과 'Mary' 사이에서 태어난 아이들을 의미)

John's and Mary's children ('John'의 아이들과 'Mary'의 아이들; 'John'과 'Mary' 사이에서 태어난 아이들이 아님)

다음에서도 앞의 표현은 'Bill'과 'Amy' 두 사람이 하나의 집을 공동으로 소유함에 비해, 뒤의 표현은 두 사람이 각각 다른 집을 소유

하고 있음을 의미한다. 전자를 공동 소유joint possession, 후자를 개별 소유individual possession라고 부른다.

Bill and Amy's house

Bill's and Amy's houses

다음은 공동 소유와 개별 소유를 보여주는 추가 예이다.

〈공동 소유〉
Cox and Brown's store

a soldiers and sailors' home

〈개별 소유〉
Bill's and John's plans

soldiers' and sailors' uniforms

8.1.5.
동명사 구문의 주어

또한 다음에서 보는 바와 같이 동명사 구문의 주어에도 소유격 표시를 한다. (동명사 구문의 주어에는 목적격 표시도 가능함.)

Brown's painting of his daughter (cf. Brown painting of his daughter) the reviewer's criticizing of his play

his firing of William

8.1.6.
부정대명사의 소유격
'anybody', 'somebody', 'everybody', 'nobody' 등의 부정대명사의 경우도 올린쉼표와 's'를 붙여 소유격을 표시한다.

anybody's guess

Everybody's business is nobody's business.

🔍 참고 1 원래는 소유격 표시를 위해 올린쉼표를 사용했다 하더라도, 전체 표현이 하나의 고유명사로 굳어지게 되면, 올린쉼표가 생략되기도 한다. 이런 경향은 특히 회사나 상점 이름 등에 나타난다.

Lloyds Bank

Citizens Advice Bureau

이와 유사한 현상으로 보는 것이 적절하지는 않지만, 위의 사진에서 보는 것처럼 '이화여자대학교'의 공식 영문 표기에도 올린쉼표가 사용되지 않는다. 다른 나라의 여자대학들은 일반적으로 이름에 'woman's' 혹은 'women's'처럼 올린쉼표를 사용한 표현을 넣지만, 이화여대의 경우에는 특이하게 올린쉼표를 사용하지 않는다.

참고 2 '-s'로 끝나는 고유명사의 소유격은 경우에 따라 올린쉼표만을 쓰거나, 올린쉼표와 's'를 함께 쓰기도 한다. 해당 고유명사의 마지막 글자인 's'의 발음이 [z]인 경우, 철자로는 올린쉼표만을 쓰고 발음은 [iz]로 하기도 하지만, 올린쉼표와 's'를 함께 쓰기도 하며, 올린쉼표만 쓰는 경우 [iz] 발음을 추가하지 않기도 한다.

철자	올린쉼표만 쓸 경우의 발음
Burns'/Burns's poems	[bɚnz] 및 [bɚnziz] 둘 다 가능
Dickens'/Dickens's novels	[dikinz] 및 [dikinziz] 둘 다 가능

다음은 엔그램 뷰어로 'Burns''와 'Burns's'의 빈도를 조사한 표이다. 두 표기가 거의 대등하게 사용되어 오다 최근 들어 후자의 표기가 약간 우세를 보이는 것으로 나타난다.

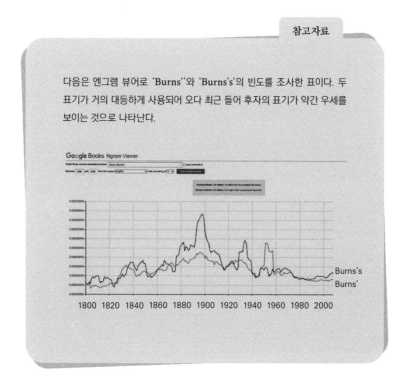

마지막 글자인 's'의 발음이 [z]가 아닌 경우에는 올린쉼표와 's'를 함께 쓰고 발음도 [iz]를 첨가하는 것이 좀 더 일반적이다.

Ross's theories

다음은 엔그램 뷰어로 'Ross''와 'Ross's'의 빈도를 조사한 표이다. 두 표기 중 후자의 표기가 꾸준히 우세를 보여 왔음을 알 수 있다.

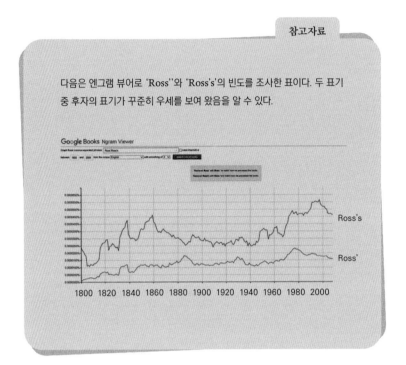

그러나 'Jesus'와 'Moses' 같은 경우에는 'Jesus'', 'Moses''로 쓰고 발음도 추가하지 않는 것이 일반적이다. 간혹 'Jesus's', 'Moses's'도 쓰이기는 한다.

다음은 엔그램 뷰어로 'Jesus''와 'Jesus's'의 빈도를 조사한 표이다. 전자의 표기가 압도적으로 우세함을 확인할 수 있다.

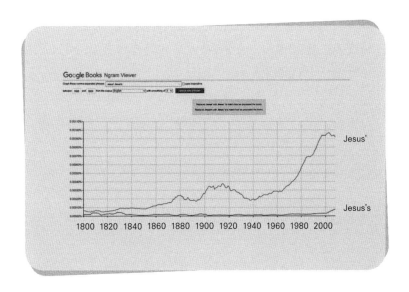

종합해서 말하자면, 's'로 끝나는 고유명사의 소유격에 대해서는
경우에 따른 일정한 경향만 있을 뿐 엄격한 규칙은 없다고 해도 무방
할 것으로 판단된다. 한 가지 유념해야 할 것은 해당 고유명사의 마지
막 글자가 's'라도 그 발음이 묵음인 경우에는 항상 "s'를 붙인다는 것
이다 (cf. Dumas's).

아울러 "for ~ sake"의 형태를 취하는 관용어의 경우, 가운데 명사
가 '[s]'로 끝나는 경우에는 올린쉼표만을 붙인다.

for goodness' sake
for conscience' sake
for righteousness' sake

🔍 **참고 3** "올린쉼표 + s"가 소유격을 나타낸다고 해서 소유의 의미만을 나타내는 것은 아니다. 아래에서 보는 바와 같이 소유격이 소유 이외의 의미를 나타내기도 한다.

John's arrival ('John'이 'arrive'의 주체이지 소유자라고 볼 수 없음)

John's school ("John이 다니는 학교"를 의미할 경우 소유 관계 아님)

John's release ('John'이 'release'의 목적어 역할을 함)

8.2.
알파벳 문자, 숫자 등의 복수형 표시와 올린쉼표

올린쉼표는 또한 알파벳 문자, 숫자, 기호, 약어 등의 복수형 및 단어 자체를 지칭하는 경우의 복수형에도 사용된다.

① 알파벳 문자의 복수형 표시

the three R's

p's and q's (Mind your *p*'s and *q*'s.)

Dot your *i*'s and *j*'s.

Your *i*'s look like *e*'s.

② 숫자의 복수형 표시

His e-mail address contains many 9's.

during the 1930's

③ 기호나 약어의 복수형 표시

What do these &'s mean?

C.O.D.'s (How many C.O.D.'s did they receive?)

CEO's

④ 단어 자체를 지칭하는 경우의 복수형 표시

Your remarks contained entirely too many *but*'s.

참고 　알파벳 문자, 숫자, 약어 및 단어 자체를 지칭하는 경우의 올린쉼표 사용은 최근에는 거의 사라지고 있는 추세라고 할 수 있다. 따라서 최근에는 '9s', '1930s', '&s', 'CEOs' 등처럼 올린쉼표를 사용하지 않는 것이 일반적이다.

다음은 엔그램 뷰어를 사용해 'CEO's'와 'CEOs' 및 '1930's' 및 '1930s'의 빈도를 조사한 표이다. 두 경우 모두 1970년대 이후에 올린쉼표를 사용하지 않는 경향이 일반화되었음을 보여준다.

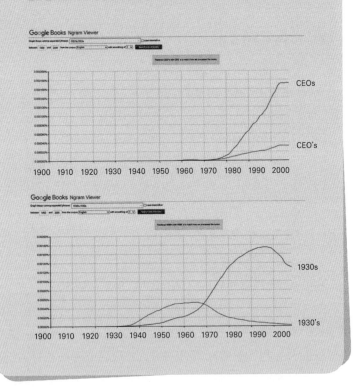

8.3.
생략 표시와 올린쉼표

① **생략된 자모음을 표시하기 위한 올린쉼표**

시어나 구어 등에서 일부 자모음을 생략시키는 경우가 있는데, 이를 표시하기 위해 생략된 소리가 있던 자리에 올린쉼표를 사용한다. 다음은 그 예이다.

e'er ← ever

o'er ← over

'bout ← about

tryin' ← trying

eatin' ← eating

o'clock (← of the clock, cf. O'Conner)

② **축약 표현과 올린쉼표**

생략을 표시하기 위해 올린쉼표를 사용하는 가장 대표적인 경우이다. 다음에서 보는 바와 같이 두 단어가 축약되어 하나가 될 때 일부 소리가 생략되게 되는데, 바로 그 자리에 올린쉼표를 사용한다.

I'm ← I am

can't ← can not

you'll ← you will

she'd ← she would

③ **숫자 생략을 표시하기 위한 올린쉼표**

the class of '75 ('75 = 1975)

gold rush of '49 ('49 = 1849)

the spirit of '76 ('76 = 1776)

④ **약어와 올린쉼표**

OK'd (= okayed)

주의 완전히 독립된 단어로 굳어진 약어에는 올린쉼표를 사용하지 않음 (cf. lasered).

영어에서 올린쉼표가 사용되기 시작한 것은 18세기에 들어와서이다.
따라서 그 이전에 나온 문헌에서는 올린쉼표가 사용되지 않았다. 이
때문에 1611년에 간행된 킹제임스 영어 성경의 초판본에는 올린쉼표
없이 소유격 표시가 되어 있다. 다음은 그 예이다.

Am I my brothers keeper? (cf. Genesis 4:9)

오늘날의 철자라면 "Am I my brother's keeper?"가 되어야 할 것이나
당시에는 올린쉼표가 사용되지 않았다. 다음에서도 마찬가지이다.

in sheepes clothing (Matthew 7:15)

오늘날의 철자라면 "in sheep's clothing", 즉 올린쉼표apostrophe를
사용해야 하나, 당시에는 올린쉼표가 사용되지 않았다. 다음은 1611년판
킹제임스 영어 성경의 해당 구절 모습이다.

(15 ¶ Beware of false prophets which
come to you in sheepes clothing, but in-
wardly they are rauening wolues.)

9.
덧금the hyphen

덧금은 기본적으로 두 개 이상의 단어가 모여 하나의 복합적 표현을 이룰 때 이들을 연결하는 기능을 한다 (예: know-how). 이 외에도 독립된 단어는 아니지만 일부 접사가 다른 단어와 결합할 때에 사용되기도 하며 (예: ex-husband), 지금은 거의 유명무실해졌지만 한 단어가 두 줄에 걸쳐 나타날 때 이들을 연결하는 기능을 하기도 한다 (예: communi-cation). 또 결혼한 부부가 두 사람의 성을 함께 사용하는 경우 덧금을 사용하기도 한다 (예: Bley-Vroman).

9.1.
복합어의 경우

9.1.1.
복합어 일반의 경우

다음에서 보는 바와 같이 여러 단어가 하나의 복합적 표현을 이룰 때 흔히 덧금이 사용된다.

half-brother

son-in-law

tug-of-war

forget-me-not

jack-in-the-box

matter-of-factly

그런데 복합적 표현이라고 해서 언제나 덧금이 사용되는 것은 아니다. 다음은 복합적 표현이면서도 덧금이 사용되지 않는 경우이다. 이들을 열린 복합어open-compound words라 부른다.

high school, station wagon, real estate, night shift 등

또 다음 경우에서처럼 두 단어를 아예 붙여 하나의 단어처럼 쓰기도 한다. 이들을 닫힌 복합어closed-compound words라 부른다.

basketball, firefly, hallmark, haircut, bathroom, handbook 등

물론 두 단어를 띄어 쓸지, 덧금을 쓸지, 혹은 아예 붙여 하나의 단어처럼 쓸지 여부는 사람에 따라 차이가 있을 수 있다. 또 이와 관련한 역사적 변화의 증거도 있다. 예를 들어 과거에는 'to-day'나 'to-morrow', 'to-night' 등과 같이 썼음에서 보듯이 이들 표현도 두 개의 단어가 합쳐 이루어진 복합어였다. 그러나 오늘날에는 이들을 독립된 하나의 단어로 인식해 덧금 없이 쓰는 것이 확고한 관행이 되어 있다. 'railroad'도 원래는 'rail road'로 썼지만 이 두 단어의 유대가 강해지면서 'rail-road'로 쓰다가 오늘날에는 하나의 단어로 간주하게 되었다. 따라서 오늘날 덧금을 사용하여 표기하는 복합적 표

현 중 일부는 시간이 흐르면서 덧금 없이 하나의 단어로 표기하게 되기도 할 것이다. 또 이미 어떤 표현들은 덧금을 사용하는 표기와 덧금 없이 하나의 단어로 표기하는 방식이 혼용되기도 한다. 따라서 독자들은 두 개 이상의 단어들이 모여 하나의 복합적 표현을 이루는 경우 덧금을 사용해야 할지에 관해 분명한 확신이 서지 않는 경우에는 사전을 참고하는 것이 좋다. 물론 사전마다 덧금 사용 여부와 관련하여 차이를 보이는 경우도 있다. 이때는 독자 나름대로 원칙을 정해 일관성을 유지하는 것이 좋을 것이다.

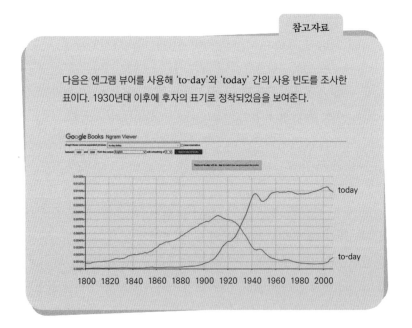

참고자료

다음은 엔그램 뷰어를 사용해 'to-day'와 'today' 간의 사용 빈도를 조사한 표이다. 1930년대 이후에 후자의 표기로 정착되었음을 보여준다.

9.1.2.
복합적 표현이 수식어로 사용되는 경우

복합적 표현이라도 그것이 명사 앞에서 해당 명사를 수식하는 기능을 하는지 여부에 따라 다음에서 보는 바와 같이 덧금 사용 여부가 달라진다.

He had it planned <u>long ago</u>. ("long ago"가 명사 수식어가 아니므로 덧금 사용 안 함)

It all began on that <u>long-ago</u> day. ("long ago"가 명사 'day'를 앞에서 수식하므로 'long'과 'ago' 사이에 덧금을 사용함)

The lack of <u>straight talk</u> in organizations today is astounding. ("straight talk"가 뒤따르는 명사를 수식하는 것이 아니므로 덧금 사용 안 함)

Use the <u>straight-talk</u> <u>checklist</u> to prepare for difficult conversations. ("straight talk"가 뒤따르는 'checklist'를 수식하므로 'straight'와 'talk' 사이에 덧금을 사용함)

다음의 예들에서도 복합적 표현이 뒤따르는 명사를 수식하기 때문에 덧금이 사용되었다.

a wait-and-see attitude

on a short-term and long-term basis

a top-down practice

a top-level executive

a more user-friendly approach

for the entire two-and-a-half-hour drive

참고자료

> The second kind of head fake is the *really* important one—the one that teaches people things they don't realize they're learning until well into the process. If you're a head-fake specialist, your hidden objective is to get them to learn something you want them to learn.
> This kind of head-fake learning is absolutely vital. And Coach Graham was the master.

Randy Pausch의 *The Last Lecture* (2008년 Hyperion 발행) p. 39의 일부. 첫 번째 줄의 'head fake'는 명사적으로 사용되었으므로 덧금이 사용되지 않았으나, 밑에서 두 번째 줄의 'head-fake'는 'learning'을 수식하는 기능을 하므로 덧금이 사용됨. 3째 줄과 4째 줄에 걸친 'head-fake'도 'specialist'를 수식하는 기능을 하므로 덧금이 사용됨.

주의 1 복합적 표현의 앞 단어가 '-ly'로 끝나는 부사일 경우, 해당 복합적 표현이 명사를 앞에서 수식하는 경우라도 덧금을 사용하지 않는다.

highly gifted children

happily married couple

partly furnished apartments

(cf. an ill-judged remark)

주의 2 "부사 + 동사의 분사형"이 명사 앞에서 수식을 하는 경우에는 덧금을 쓰지 않기도 한다.

ever quickening technological progress

the ever quickening advances of science

(cf. an ever-quickening market revolution)

그러나 이때도 의미상의 혼동이 예상될 때는 덧금을 쓰는 것이 좋다.

주의 3 명사의 수식어로 기능하는 복합 표현이 라틴어 등 외국어일 경우에는 덧금을 쓰지 않는다.

a *de dicto* reading

the *de re* interpretation

명사의 수식어로 기능하는 복합적 표현에 소유격 표시가 되어 있을 때는 덧금을 쓰지 않는다.

a full week's work

eight hours' pay

9.1.3.
복합 수사의 경우

'twenty-one'부터 'ninety-nine'까지의 수사를 숫자가 아닌 영어 철자로 표시할 때는 덧금을 사용한다.

주의1 분수를 표시할 때 철자로 풀어 쓸 때는 분자와 분모 사이에 일단 덧금을 사용하는 것이 원칙이다.

two-thirds

three-fifths

그러나 분모나 분자 자체에 덧금이 사용될 때는 분자와 분모 사이의 덧금은 생략한다.

twenty one-thousandths	분모 자체에 이미 덧금이 사용됨
twenty-three thirtieths	분자 자체에 이미 덧금 사용

<u>twenty-five</u> <u>thirty-eighths</u>   분자, 분모에 각각 덧금 사용

주의 2 "숫자 + 단위 명사"가 뒤에 나오는 명사를 수식할 때 숫자와 단위 명사 사이에 덧금을 사용한다.

a 10-yard gain ('10-yard'가 'gain'을 수식하므로 숫자 '10' 과 단위 명사 'yard' 사이에 덧금을 사용)

a 7-day vacation

a 5-foot board

9.1.4.
"알파벳 대문자 + 다른 단어"로 이루어진 복합어의 경우
알파벳 대문자 한 개와 다른 단어가 결합하여 이루어진 복합어는 항상 덧금을 사용한다.

H-bomb

U-turn

V-neck

X-ray

A-bomb

S-curve

C-section

참고 사람에 따라 독창적으로 여러 단어를 합쳐 복합어로 사용
하는 경우가 있다. 이런 경우에는 일단 덧금을 사용하여 이것이 복합
어로 사용되었음을 표시하는 것이 좋다.

9.2.
접사와 결합하는 경우

9.2.1.
"접사 + 고유명사"의 경우

접사가 고유명사 등 대문자를 사용하는 표현과 결합하여 사용될
때는 덧금을 사용한다.

anti-Semitism

pseudo-Protestantism

pan-Korean

pro-Arab

un-American

mid-July

Rembrandt-like

참고 1 접사가 숫자와 함께 사용될 때도 덧금을 사용한다 (예: post-1950).

참고 2 접사 여러 개가 등위접속사로 연결되어 하나의 고유명사와 결합될 때는 각 접사에 덧금을 붙인다 (예: pre- and post-Renaissance).

9.2.2.
접사 일반의 경우

대부분의 접사에는 덧금을 사용하지 않는다. 그러나 'ex-'('이전'이라는 뜻으로 사용될 때), 'self-', 'non-' 등이 접두사로 쓰일 때와 '-elect'가 접미사로 쓰일 때는 일반적으로 덧금을 사용한다.

ex-wife/ ex-soldier/ ex-president

self-addressed/ self-centered/ self-confident/ self-control/
self-defense/ self-esteem/ self-image/ self-pitying/
self-righteous/ self-taught

주의 'selfish'나 'selfless'처럼 'self'가 접두사가 아니라 어근으로 사용될 때는 덧금을 쓰지 않음.

non-combatant/ non-fat/ non-fiction/ non-nuclear/
non-partisan/ non-stop/ non-violent (cf. nonsense)

president-elect/ mayor-elect/ governor-elect

9.2.3.
의미적으로 혼동 가능성이 있을 때

의미가 혼동될 가능성이 있는 경우에는 접사와 어근 사이에 덧금을 사용하는 것이 좋다.

release vs re-lease

reform vs re-form

recover vs re-cover

recreation vs re-creation

redress vs re-dress

unionize vs un-ionize

9.2.4.
접두사의 끝 글자와 다음 어근의 첫 글자가 동일하여 철자가 혼동될 경우

접두사의 끝 글자와 다음에 나오는 어근의 첫 글자가 동일할 경우에는 의미를 분명하게 하기 위해 덧금을 사용하기도 한다 (어근의 끝 글자와 접미사의 첫 글자가 동일할 경우도 마찬가지임).

anti-intellectual (cf. anticlockwise)

re-elect

bell-like

9.3.
분철의 경우

과거 타자기로 원고를 작성하던 시절에는 공간이 모자라 한 단어를 같은 줄에 다 쓰지 못하게 되는 경우가 있었다. 이런 경우에는 그 단어를 두 줄에 걸쳐 나누어 적어야 했는데 이를 '분철'이라고 한다 (이를 영어로는 'syllabication' 혹은 'syllabification'이라고 함). 그런데 단어마다 분철할 수 있는 지점이 정해져 있다.[34]

이와 관련한 규칙을 여기서 상세히 설명하는 것은 적절치 않은 것으로 판단된다. 독자들은 단지 대부분의 사전에 해당 단어의 분철이 가능한 지점이 점(·)으로 표시되어 있음을 기억하면 될 것이다. 예를 들어 사전에서 'convenient'라는 단어를 찾아보면 다음과 같이 표시되어 있다.

con·ve·nient

....

34 덧금이 주로 둘 이상의 요소를 결합할 때 사용되는 데 비해 이 경우는 한 단어를 분리할 때 사용하는 것이므로 덧금 용법과 관련해 일종의 역설이 성립한다고도 할 수 있다.

이는 이 단어가 줄의 경계에 걸리는 경우 '·' 표시가 되어 있는 두 지점에서만 분철이 가능함을 나타내주는 것이다. 이때 분철을 위해 사용하는 구두점이 바로 덧금이다. 다시 말해 'convenient'는 'con-venient' 혹은 'conve-nient'로만 분철이 가능함을 말해주는 것이다.

분철과 관련하여, 1음절 단어는 분철하지 않는다든지, 철자 하나만을 어느 줄에 남기는 분철은 하지 않는다든지, 덧금이 사용된 복합적 표현 내에서 또 다른 분철은 하지 않는다든지 하는 등의 규칙이 있으나, 컴퓨터를 이용하여 문서를 작성하는 것이 보편적이 되어버린 오늘날에는 그 중요성이 그다지 크지 않다고 할 수 있다. 이는 여백이 부족할 경우 컴퓨터가 자동으로 해당 단어를 다음 줄로 이동하여 표시하므로, 두 줄에 걸쳐 한 단어가 표시되는 경우 자체가 원천적으로 없어지게 되었기 때문이다.

9.4.
기타

이 외에도 다음 경우에 덧금을 사용할 수 있다.

9.4.1.
단어의 철자를 하나씩 읽음을 표시할 때

How do you spell "couch"? c-o-u-c-h.

The prefix of this word should be p-r-e, not p-e-r.

If you have s-e-n-s-e, you should be able to make a lot of c-e-n-t-s.

D-O-G spells dog.

위의 만화에서 'D-O-G'는 'dog'로 발음하지 않고 철자를 하나씩 읽어야 한다.

9.4.2.
말을 더듬거나 망설임을 나타낼 때 (cf. 본 장 10.6절 및 11.3절 참조)

W-e-ll, I think I can go with you; y-y-es, I'm sure I can.

Jim said, "I like t-t-tomatoes but not p-p-potatoes."

9.4.3.
전화번호의 국과 번호 사이에

961-0114

9.4.4.
두 이름을 붙여 하나의 성이나 이름으로 사용할 때

Robert Bley-Vroman

Jean-Yves Pollock

10.
긴덧금the dash

긴덧금은 일차적으로 주목을 요구하는 표시이다. 그런 의미에서 긴덧금은 강조 표시라고 할 수 있다. 특히 예시, 설명 등의 목적으로 삽입되는 요소를 강조할 경우에 긴덧금을 사용한다. 경우에 따라 겹점을 사용할 수 있는 자리에 긴덧금을 사용하기도 하는데, 긴덧금은 상대적으로 덜 격식을 갖춘 구어체 글에서 사용한다고 할 수 있다.

긴덧금은 타자기나 컴퓨터의 자판keyboard에 없는 구두점이다. 이는 컴퓨터로 긴덧금을 만들어낼 수 없다는 뜻이 아니라 자판 자체에 긴덧금을 위한 키가 없다는 뜻이다. (대부분의 컴퓨터 문서 작성 프로그램이 긴덧금을 비롯한 다양한 특수 문자를 제공해 주지만 이는 해당 프로그램 안의 메뉴를 통해 제공되는 것이지, 자판 자체에 긴덧금이 포함되어 있기 때문이 아니다.) 혹시 자판 상단의 덧금hyphen 키에 함께 있는 것이 긴덧금이 아닌가 하고 생각하는 사람들이 있을지 모르겠는데, 이런 분들은 한 번 그 키를 쳐보기 바란다. 긴덧금은 중앙에 오는데 비해 이것은 아래쪽에 붙지 않는가? 따라서 그 키가 긴덧금을 위한 것이 아님은 분명하다.

과거 타자기를 이용하여 문서를 작성할 때는 자판에 없는 긴덧금을 표시하기 위해 덧금hyphen을 연속해서 두 번 쳐야 했다. 이는 오늘날 컴퓨터로 문서를 작성할 때도 마찬가지로 용인되는 방법이다. 긴덧금 양 옆에는 칸을 띄우지 않는다.[35]

흔히 긴덧금은 두 가지로 구분된다. 여기에서 주로 다루게 되는 긴덧금, 즉 '—' 표시는 영어로 'em dash'라고 불리는 것으로, 'en dash'라고 불리는 '–'표시보다 길다.[36] 이 책에서는 'en dash'를 구분해 지칭할 필요가 있는 경우에는 '½긴덧금'이라는 용어를 사용하기로 하고, '긴덧금'이라는 용어는 'em dash'를 지칭하는 용어로 사용하기로 하

---

35 10.8절의 설명과 그 뒤의 참고자료를 참조할 것.
36 일반적으로 'en dash'의 길이는 'em dash' 길이의 반 정도임. 'n'과 'm', 혹은 'N'과 'M' 간의 폭 차이를 생각하면 됨.

겠다. 참고로 '½긴덧금'(즉 'en dash')은 일반 긴덧금(즉 'em dash') 길이의 반 정도이지만, 그래도 덧금(하이픈)보다는 길다.

이제 이 긴덧금의 용법에 대해 살펴보기로 하자.

10.1.
앞에서 열거한 내용을 종합해서 말할 때

예 등을 나열한 후 이들을 종합하여 말할 때 긴덧금이 사용된다. 다음은 그 예이다.

Money, fame, power—these were his goals in life.

Finger-pointing or implying blame produces embarrassment, shame, and regret—emotions that are difficult from which to recover.

10.2.
앞부분과 연관된 설명 등을 첨가할 때

다음에서 보는 바와 같이 앞에서 말한 내용에 대해 설명을 첨가할 때 긴덧금을 사용할 수 있다.

What he needed most he never got—love.

It was one thing she really needed—a mink toothbrush.

People fall into one of two camps—victims or owners.

This is your job as a leader—to inspire positive action in people.

She had tremendous power—real power not symbolic power.

It is like breathing—something that requires little conscious effort.

Two of the strongest animals in the jungle are vegetarians —the elephant and the gorilla.

Your environment is everything that surrounds you— trees, grass, soil, air, water, animals, insects, and other people too.

There are two choices when it comes to listening—we can listen with positive expectations or we can listen with judgment.

이때는 겹점colon을 사용할 수도 있다. 긴덧금을 사용하면 겹점을 사용하는 것에 비해 강조의 뜻이 강해진다.

10.3.
예, 설명 등을 삽입할 때

다음에서 보는 바와 같이 예, 설명 등을 중간에 삽입할 때 긴덧금
을 사용할 수 있다.

The caretakers—those who are helpers, nurturers, teach-
ers, mothers—are still systematically devalued.

Although the emphasis at the school was mainly lan-
guage—speaking, reading, writing—the lessons always
began with an exercise in politeness.

Symbolic power—the symbols of title, authority, and sta-
tus—is not the same as real power.

The three sensory channels—seeing, hearing, and feel-
ing—can help you examine the situation from all angles.

Use ellipsis points to indicate you've intentionally omitted
words—perhaps even a sentence or more—from the source
you're quoting.

삽입 요소에는 괄호나 쉼표를 사용할 수도 있다. 그런데 삽입 요
소 자체 안에 쉼표가 포함되어 있을 때 삽입 요소 옆에 또다시 쉼표를
사용하면 혼란을 줄 수 있다. 위의 예 중 일부를 긴덧금 대신에 쉼표

를 사용해 다시 쓰면 다음과 같다.

> The caretakers, those who are helpers, nurturers, teachers, mothers, are still systematically devalued.

> Symbolic power, the symbols of title, authority, and status, is not the same as real power.

앞에서 본 긴덧금을 사용한 문장들에 비해 이해가 상대적으로 어렵다. 따라서 이런 때는 긴덧금을 사용하는 것이 뜻을 더 명확하게 해 줄 수 있다.

주의 1 긴덧금으로 둘러싸인 요소에 물음표나 느낌표를 할 때는 닫는 긴덧금 앞에 한다.

> A first date—do you remember?—stays in the memory forever.

주의 2 긴덧금 다음에는 쉼표, 반겹점, 마침표를 사용하지 않는다.

10.4.
말을 덧붙일 때

말을 덧붙일 때 긴덧금을 사용한다.

Familiarity breeds contempt—and children.

Don't drop in unexpectedly—ever.

The most important goal for a leader is to deliver messages
that inspire positive action in others—every time.

10.5.
생략할 때

Senator S— was from my home town.

10.6.
말을 망설이거나 끝맺지 못했음을 표시할 때

대화 중 말을 망설이거나 끝내지 못했음을 나타낼 때 등에도 긴덧
금이 사용된다 (cf. 본 장 9.4.2절 및 11.3절 참조).

"Mrs. Trump, may I ask—" "You may not."

위의 대화에서 앞 사람이 말을 채 끝내기도 전에 상대방이 말을
가로막고 대답한 사실을 표시하기 위해 앞 사람의 말 뒷부분에 긴덧
금이 사용되었다. 말이 채 끝나지 않았음을 나타내는 긴덧금 다음에
는 다른 구두점이 나오지 않는다. 따라서 앞 사람의 말이 의문문임이

분명하기는 하지만 긴덧금 뒤에 물음표를 추가하지 않는다.

다음은 말을 망설이거나 끝내지 못했음을 나타내기 위해 긴덧금이 사용된 추가 예이다.

"She's got an indiscreet voice," I remarked. "It's full of—"
I hesitated. (*The Great Gatsby*)

"Maybe you don't believe that, but science—" (*The Great Gatsby*)

"I don't mean that," explained Wilson quickly. "I just meant—" (*The Great Gatsby*)

10.7.
인용문의 저자를 표시할 때

인용문 아래에 저자를 표시할 때도 긴덧금(즉 'em dash')을 사용할 수 있다. 다음은 그 예이다.

If my heart could do my thinking, would my brain begin to feel?

—*Van Morrison*

(출처: Michael Gazzaniga 지음 *Human: The Science Behind What Makes Us Unique*, 2008년 HaperCollins 발행, p. 158)

10.8.
기간 등을 나타낼 때 ('en dash'의 사용)

어느 시점에서부터 어느 시점까지의 기간을 나타낼 때 다른 전치사 없이 시점을 나타내는 표현 두 개가 사용될 때는 그 두 시점 사이에 긴덧금을 넣어 그 둘 사이의 기간을 나타낸다. 그런데 이때 사용하는 긴덧금이 앞에서 언급한 '½긴덧금'(즉 'en dash')이다.

'½긴덧금' 사용의 예를 들면 다음과 같다.

June–November (= June to November 혹은 June through November)

She lived in that city 1989–1998.

주의 그러나 시점을 나타내는 표현이 'from', 'between' 등의 전치사와 함께 사용될 때는 '½긴덧금'을 사용하지 않는다.

From June to (혹은 through) November (이때는 "From June–November"라고 하지 않음)

Between 1984 and 1987 (이때는 "Between 1984–1987"이라고 하지 않음)

아울러 페이지 숫자나 지명 등 두 요소 간의 관계를 나타낼 때도 '½긴덧금'을 사용한다. 다음은 그 예이다.

the information on pages 620-621

an Australia-Korea FTA

the parent-child relationship

🔍 **참고**　영국 영어에서는 미국 영어에서 일반적으로 긴덧금(즉 'em dash')을 사용하는 경우에도 긴덧금 대신 '½긴덧금'(즉 'en dash')을 사용하고, 양 옆을 한 칸씩 띄우는 방식을 택하기도 한다. 따라서 다음 문장을 영국에서는 그 아래에서처럼 쓰기도 한다.

Money, fame, power—these were his goals in life.

Money, fame, power – these were his goals in life.

참고자료

다음은 양 옆에 한 칸씩 띄운 '½긴덧금'(즉 'en dash')을 사용한 예이다 (5번째 줄을 볼 것).

death. Deleuze refuses to see deviations, redundancies, destructions, cruelties or contingency as accidents that befall or lie outside life; life and death were aspects of desire or 'the plane of immanence'. This presents us with *the* challenge of Deleuze's philosophy. All traditional philosophy – all unthinking morality – begins within an opposition between life and death: the good is what furthers life, while evil is the destruction of life. Evil is opposed to or outside life.

(출처: Claire Colebook 지음 *Deleuze: A Guide for the Perplexed*,
2006년 Continuum 발행 p. 3)

3번째 줄에서 작은따옴표가 사용되었다든지, 마침표보다 닫는 따옴표가
먼저 나온다든지 하는 점에서 영국식 구두점의 특징을 확인할 수 있다.
그런데 4째 줄 맨 끝에 덧금(하이픈)이 사용되었는데, '½긴덧금'(즉 'en
dash')보다는 길이가 짧음을 확인할 수 있다.

다음은 같은 책 42쪽의 일부이다.

> upon the semiotics of the American pragmatist C. S. Peirce
> (1839–1914) and he does so for well-considered philosophical reasons
> that go beyond any simple applicability to cinema. For Peirce there
> are levels of signs, with symbolic signs – the signs of a language –
> being grounded on icons, or images that stand for things (such as a
> traffic sign that depicts the image of a slippery surface), which in turn

4째 줄에서 양 옆에 한 칸씩 띄운 '½긴덧금'(즉 'en dash')을 확인할
수 있다. 그런데 2째 줄에서는 '1839'년과 '1914'년 사이에 같은
'½긴덧금'이 사용되기는 하였지만 양 옆에 한 칸씩 띄우지는 않았다. 즉
영국 영어에서도 우리가 본 절에서 설명한 용법의 경우에는 '½긴덧금'
양 옆에 한 칸씩 띄우지 않고 붙여 쓴다. 같은 줄 'well-considered'에서
보듯이 이때도 덧금(하이픈)보다는 여전히 길이가 김을 확인할 수 있다.

미국 영어에서는 긴덧금을 사용할 때 본 절에서 설명한 용법을
제외하고는 일반적으로 'em dash'를 사용하고, 양 옆에 빈 공간을 두지
않는다. 그러나 미국 영어에서도 간혹 긴덧금 사이에 약간의 공간을 두는
경우가 있다. 다음은 그 예이다.

> As a theologian, Rahner sought to explain Christian beliefs
> by presenting them as consequences of his central conviction —
> an outrageous one once one stops to think about it — that
> human beings can experience God. Christian dogmas express
> different aspects of the reality we call God's self-disclosure in
> our experience, God's self-communication to human beings.

(출처: Philip Endean 편집 *Karl Rahner: Spiritual Writings*, 2004년 Orbis Books 발행, p. 15)

2번째 줄과 3번째 줄에 사용된 긴덧금 양 옆에 일부 공간이 띄어져 있음을 확인할 수 있다. 5번째 줄과 6번째 줄에 사용된 덧금(하이픈)의 길이와 비교해 보면, 영국 영어에 비해 상대적으로 그 길이가 훨씬 김을 확인할 수 있다.

이를 같은 책 10쪽과 비교해 보자.

> **Karl Rahner (1904–84) was, of course, a formidably learned professional theologian as well as a Jesuit. He had held professorships at the Universities of Innsbruck, Munich, and Münster;**

연도 사이에는 긴덧금(즉 'em dash')이 아니라 '½긴덧금'('en dash')이 사용되었다. 또한 '½긴덧금' 사이에 한 칸 띄우지도 않았다. 이때 사용된 '½긴덧금'도 2번째 줄에서 사용된 덧금(하이픈)보다는 여전히 그 길이가 길다.

11.
말줄임표omission marks, ellipsis points

말줄임표는 기본적으로 문장이나 문단 내용 중 일부를 생략할 때 사용하는 구두점이다. 주로 다른 사람의 글 중 일부를 생략하고 인용할 때 사용하며, 한 칸씩 띄운 마침표 3개three spaced points, three spaced periods를 사용해 표시한다. 같은 표시가 말이 아예 없음을 나타내는, 즉 말없음표로 사용되기도 하며, 망설임 등을 표시하기도 한다.

11.1.
인용할 때 생략된 부분이 있음을 표시하는 경우

예를 들어 다음과 같은 원문이 있다고 하자.

There are a number of questions which might lead one to undertake a study of language. Personally, I am primarily intrigued by the possibility of learning something, from the study of language, that will bring to light inherent properties of the human mind.

—Noam Chomsky, Language and Mind, p. 103

윗글 중 일부를 다음과 같이 인용할 수 있다.

Chomsky emphasizes "the possibility of learning something . . . that will bring to light inherent properties of the human mind."

🔍 참고 1 글을 인용한 사람이 생략했음을 분명히 표시하기 위해 말줄임표 양 옆을 대괄호로 두르기도 한다.

Chomsky emphasizes "the possibility of learning something [. . .] that will bring to light inherent properties of the human mind."

🔍 참고 2 생략되는 부분 바로 앞에서 문장이 끝나는 경우에는 일단

마침표를 사용해 해당 문장이 끝났음을 표시한 후 이어서 말줄임표를 붙인다. 즉 이때는 마침표 4개가 사용되는 셈이다.

> Chomsky states that "there are a number of questions which might lead one to undertake a study of language. . . ."

> Many accounts in British and American news media last year spoke breathlessly of 15,000 child slaves . . . producing the chocolate you eat.
>
> The number first appeared in Malian newspapers, citing the Unicef office in Mali. But Unicef's Mali office had never researched the issue of forced child laborers in Ivory Coast. The Unicef office in Ivory Coast, which had, concluded that it was impossible to determine the number.
>
> Still, reported often enough, the number was gladly accepted by some private organizations, globalization opponents seeking a fight with Nestlé and Hershey, and some journalists. . . .

Jagdish Bhagwati의 *In Defense of Globalization* (2004년 Oxford University Press 발행) p. 45의 일부.

두 번째 줄에서 마침표 3개가 사용된 것은 그 앞이 완전한 문장이 아니기 때문이다. 이에 비해 맨 마지막 줄에서는 해당 문장이 끝난 것을 표시하기 위해 일단 마침표가 사용된 후 말줄임표가 사용되었으므로 마침표 4개가 사용된 것처럼 보이는 것이다. 말줄임표는 앞 단어와 한 칸 띄운 후 붙이나 마침표는 앞 단어와 한 칸 띄우지 않는다.

참고 3 상당히 긴 부분을 생략할 때, 예를 들어 시에서 한 줄 이상을 생략할 때 등은 한 줄 전체에 걸쳐 말줄임표를 표시하기도 한다.

<원문 일부>

Flower in the Crannied Wall

Flower in the crannied wall,
I pluck you out of the crannies,
I hold you here, root and all, in my hand,

<생략 인용>

Flower in the Crannied Wall

Flower in the crannied wall,
. . . .
I hold you here, root and all, in my hand,

주의 다음에서 보는 것처럼 생략으로 인해 원래 글의 의미가 변질되는 부정직한 인용을 해서는 안 된다.

<원문>
"This is a great movie if you enjoy meaningless violence, gratuitous sex, inane dialogue, and poor acting. It is offensive by any standards."

<부정직한 인용 예>
"This is a great movie . . . by any standards."

11.2.
실제로 말을 줄일 때

　해당 내용이 중요하지 않거나, 해당 자리에 다양한 내용이 나올 수 있음을 나타내기 위해 말줄임표를 사용하기도 한다. 다음은 그 예들이다.

> The response would be, "Sorry, this is a personal matter . . ."

> When referring to myself, I use the word *we*, such as "we're going to do that . . ."

> Do not start with "I'm not getting good feedback on your . . ."

11.3.
망설임이나 더듬거림을 나타낼 때 (본 장 9.4.2절 및 10.6절 참조)

　같은 부호가 망설임이나 더듬거림을 나타내기도 한다. 다음은 그 예들이다.

> Woody Allen's *Stardust Memories* was . . . boring.

> Mr. Kramer? My name is John and I . . . uh, just wanted

to thank you for writing *Instant Replay*.

Looking up at him, I mumbled, "Sure . . . thanks."

이와 유사하게 잠시 말을 멈춤을 표시할 수도 있다. 이때는 말없음표 또는 말멈춤표라고 부를 수도 있다.

You're not quite sure why they're there. You walk up to the front of the room and see a casket. Looking into the casket, you come face-to-face . . . with yourself! You are at your own funeral!

11.4.
예를 나열할 때 '등등'의 의미

다음에서와 같이 나열 부분에 사용하면 'etc', 즉 '등등'의 의미가 된다.

Six of my best friends were there: Sam, Ed, Carol . . .

The little girl began to recite the alphabet (a, b, c . . .).

11.5.
문장이 완료되지 않은 채 중단되었음을 표시할 때

말을 끝마치지 않았음을 나타내거나, 해당 부분을 독자들의 상상에 맡기기 위해 말줄임표를 사용하기도 한다. 다음은 그 예이다.

If I don't pee I'll . . .

🔍 **참고** 이때는 긴덧금을 사용하기도 함 (cf. 본 장 10.6절).

11.6.
시간적 경과를 표시하기 위해

다음에서와 같이 시간적 경과를 표시하기 위해 말줄임표를 사용하기도 한다.

The day wore on from sunrise to midmorning . . . steaming noon . . . blistering afternoon . . . cooling sunset.

11.7.
광고 문안에서 강조 효과를 위해

다음에서와 같이 광고 문안에서 강조 효과를 위해 말줄임표를 사용하기도 한다.

Do it soon . . . Do it today . . . Do it now . . . See . . .
Your local dealer.

12.
괄호parentheses

괄호는 기본적으로 문장 안에 어떤 요소를 삽입할 때 사용한다. 삽입되는 내용이 문장 내 다른 요소들과 문법적으로 잘 연결되면 삽입되는 부분 양쪽에 쉼표나 긴덧금을 사용하는 것이 보통이다. 괄호를 사용할 때는 삽입되는 부분이 문장 내 다른 요소들과 문법적으로 잘 연결이 되지 않을 때인데, 삽입되는 내용 양쪽에 어떤 부호를 사용할지에 대해서는 개인 간에 차이가 있을 수 있다. 괄호는 또한 아이러니나 의심 등을 나타내기 위해 사용하기도 한다.

12.1.
어떤 요소를 삽입하는 경우

다음은 삽입 요소 양 옆에 괄호를 사용하는 경우의 예들이다.

Practice using declarative statements (rather than questions) to express your point of view.

Will additional resources (for example, people and/or

money) be provided?

A child molester is often the person (male or female) whom you would least suspect.

Determine what information you are missing and then talk to the appropriate person(s).

Rate yourself on a scale of 1 to 5 (1 = seldom if ever, 2 = once in a while, 3 = often, 4 = frequently, 5 = all the time).

참고 법률 문서나 거래 문서 등에서는 단어로 쓴 금액을 숫자로 표시하기 위해 괄호를 사용하기도 한다.

The monthly rent is six hundred fifty dollars ($650).

His total bill was four hundred dollars ($400.00).

Your order of fifteen (15) gross was shipped today.

그러나 일상적으로는 숫자와 문자 중 하나만 사용한다.

주의 삽입 요소에 사용되는 각 부호에는 대체적으로 다음과 같은 차이가 있다.

① 삽입 요소와 쉼표

삽입되는 요소가 문장 내 다른 요소와 의미나 구조상 밀접하게 연결될 때 사용되는 경향이 있다.

② 삽입 요소와 긴덧금

강조의 의미가 있으며, 격식을 덜 갖춘 글의 경우에 사용되는 경향이 있다.

③ 삽입 요소와 괄호

삽입되는 요소가 문장 내 다른 요소와 의미상이나 구조상 덜 밀접하거나, 삽입 요소가 상대적으로 길 때, 그리고 삽입 요소 자체에 쉼표 등의 구두점이 사용될 때 사용되는 경향이 있다. 긴덧금을 사용하는 경우와 달리 강조의 의미가 없다.

문장 내 어떤 요소를 부자연스럽게 삽입하는 것은 가급적 피하는 것이 좋다. 따라서 가급적 괄호는 꼭 필요한 경우가 아니면 피하는 것이 좋다.

12.2.
문장 내에서 번호 등을 매겨가며 나열할 때

문장 내에서 나열하는 항목에 번호나 글자를 매길 때 괄호를 사용한다. 다음은 그 예들이다.

There are three acceptable responses to a request: (1) Yes,

(2) No, or (3) a counteroffer.

When you use the word *possible*, does this mean (a) highly likely, (b) moderately likely, or (c) not at all likely?

12.3.
생몰연대 등의 기간이나 출처 등을 밝힐 때

개인의 생몰 연대, 전쟁 기간, 출처 등을 밝힐 때도 괄호를 사용한다.

Otto Jespersen (July 16, 1860–April 30, 1943) was a Danish linguist who specialized in the grammar of the English language.

The English Civil War (1641–1651) was a series of armed conflicts and political machinations between Parliamentarians and Royalists.

To be or not to be, that is the question. (Shakespeare, *Hamlet*)

12.4.
아이러니, 의문 등을 표시하기 위한 경우

글 안에 필자의 느낌을 표시하기 위해 괄호를 사용하는 경우가 있다.

Hilary is in good shape; she needs to lose only (!) fifty pounds.

즉 위의 문장에서 50 파운드(약 22.7kg)를 빼야 한다면서 그 정도가 얼마 안 된다는 듯이 'only'라는 표현을 사용하는 데 대한 필자의 느낌을 괄호 안에 표시한 것으로 볼 수 있다.

다음과 같은 경우에는 그 내용이 정확하지 않을 수도 있음을 표시하기 위해 괄호 안에 물음표를 사용한 경우이다.

She died on April 24 (?) last year.

물론 글을 쓸 때 가급적 정확한 내용을 써야 하며, 이와 같이 부정확할 수도 있음을 자인하는 경우는 피하는 것이 좋다.

🔍 참고   괄호와 다른 구두점

① 완전한 문장을 다른 문장의 내부에 삽입할 경우에는 다음과 같이 한다. 괄호 안에 삽입되는 문장의 첫머리는 소문자로 시작하고 (고유명사의 경우에는 예외) 괄호 안 문장의 마지막에 마침표를 사용하지 않는다.

_____ (소문자로 시작 .... 마침표 사용하지 않음) _____ .

예: Looking for his car keys (he had left them at my sis-
ter's house) wasted an entire hour.

② 괄호 안 문장이 의문문이나 감탄문일 경우에는 물음표나 감탄
문을 사용한다.

_____ (?) _____ .

예: Looking for clues (what did we expect to find it?) wast-
ed four days.

③ 괄호로 삽입할 요소 바로 앞에 쉼표가 있으면, 쉼표는 괄호 다
음에 둔다.

_____ ( ), _____ .

예: Although clearly different from my favorite film (*The
Wizard of Oz*), *Gone with the Wind* is also outstanding.

④ 삽입 요소에 따옴표를 사용할 경우에는 따옴표를 포함해 괄호
표시를 한다.

_____ (" ") _____ .

예: Alberta Hunter ("Down Hearted Blues") is known for
singing jazz.

⑤ 독립된 완전한 문장을 괄호로 묶을 때는 괄호 안 문장의 첫머

리를 대문자로 쓰고 마침표도 찍는다.

_____. (대문자로 시작 .... 마침표를 사용함)

예: Native-speaker grammars are constrained by built-in universal linguistic principles, known as Universal Grammar. (See Chomsky (1981) for further discussion.)

주의 만일 위의 괄호 안 문장을 앞 문장에 삽입하는 경우에는 다음과 같이 해야 한다.

Native-speaker grammars are constrained by built-in universal linguistic principles, known as Universal Grammar (see Chomsky (1981) for further discussion).

즉 'see'는 소문자로 시작해야 하며, 괄호 안 문장 말미에는 마침표를 찍지 않는다.

13.
대괄호brackets

대괄호는 기본적으로 직접 인용을 할 때 원문과 차이가 있음을 표시하기 위해 사용한다. 예를 들어 인용문을 전체 문장 구조에 부합시키기 위해 일부 단어의 형태 등을 변화시키거나 내용을 추가할 때 사용한다. 아울러 원문의 오류 등을 표시할 때 등에도 사용한다.

13.1.
인용문에 수정을 가할 때

다음은 인용문을 전체 문장 구조에 부합시키기 위해 인용문 중 일부 단어의 형태를 변화시킬 때 대괄호를 사용한 예이다.

In Bangladesh, there was evidence that "[u]nmarried girls employed in these garment factories . . ."
(원문에는 'Unmarried'로 되어 있는 것을 문맥에 부합시키기 위해 소문자로 바꾼 것을 표시함)

또한 인용문을 전체 문장 구조에 부합시키기 위해 다른 단어를 삽입할 때도 대괄호를 사용한다.

Deborah Moore supports a student-centered curriculum and agrees with "current research [which] shows that successful learning takes place in an active environment."
(cf. Deborah Moore의 원문: . . . current research shows that successful learning takes place in an active environment.)

13.2.
인용 내용에 어떤 요소를 삽입할 때

다음에서 보는 바와 같이 인용 내용 안에 정의, 설명 등 어떤 요소를 삽입할 때 대괄호를 사용한다. 아래의 예에서는 'associative'라는 개념에 대해 설명하는 내용, 즉 "one idea connects with another"(원문에는 없는 내용임)를 덧붙이며 대괄호를 사용하였다.

The kinds of intelligence are based in the way the mind functions: "The logic of the mind is associative [one idea connects with another]; it takes elements that symbolize a reality, or trigger a memory of it, to be the same as that reality" (Goleman 294).
(cf. Goleman의 원문: The logic of the mind is associative; it takes elements that symbolize a reality, or trigger a memory of it, to be the same as that reality.)

🔍 참고　괄호 안에 삽입된 요소에 추가로 어떤 내용을 넣을 때도 대괄호를 사용한다.

That expression (first used in *A Fable for Critics* [1848] by James R. Lowell) was popularized in the early twentieth century by Ella Wheeler Wilcox.
(괄호 안에 삽입된 요소 중 *A Fable for Critics*의 출판연도를 추가로 삽입하기 위해 대괄호를 사용하였음)[37]

37　따옴표를 사용하지 않은 경우에 어떤 요소를 삽입할 때는 대괄호 대신 일반 괄호를 사용한다.

13.3.
원문의 오류를 표시할 때

인용을 할 때 원문 자체에 철자나 문법상 등의 오류가 포함되는 경우가 있다. 이를 표시하기 위해 라틴어 'sic'(영어로 'so', 혹은 'thus'의 의미)를 대괄호 안에 넣어 원문에 그렇게 쓰여 있음을 나타낸다. 다음은 그 예이다.

No Smokeing [sic] (정확한 철자는 'Smoking'이나 원문에 'Smokeing'으로 잘못 나와 있음을 표시함)

A journalist wrote, "The judge accepted an [sic] plea of not guilty." (문법상 'a'가 나와야 하나 원문에 'an'으로 잘못 나와 있음을 표시함)

🔍 **참고** 이 경우 대괄호 대신 일반 괄호를 쓰기도 한다. 그리고 라틴어 'sic'는 기울임체로 쓰지 않는다. 또한 오류를 바로잡고 대괄호를 사용할 수도 있다. 다음은 그 예이다.

He wrote, "In 1776 on the tenth [fourth] day of July, the Declaration of Independence was signed."

13.4.
연극 대본 등에서 배우의 동작 등을 표시하기 위해

연극 대본 등에서 배우의 동작 등에 대한 설명을 하기 위해 대괄호를 사용한다. 또한 그 내용을 일반 대사와 구별하기 위해 이탤릭체를 사용한다. 대괄호 대신 일반 괄호를 사용하기도 하기도 한다.

다음은 버나드 쇼의 *Pygmalion* 2막 중 일부이다.

> PICKERING [*very courteous*] Wont you sit down? [*He places the stray chair near the hearthrug between himself and Higgins*].
> LIZA [*coyly*] Dont mind if I do. [*She sits down. Pickering returns to the hearthrug*].
> HIGGINS. Whats your name?
> THE FLOWER GIRL. Liza Doolittle.

14.
빗금the slash[38]

빗금은 흔히 영어의 'or'에 해당하는 의미로 사용된다. 아울러 연월일 표시, 인터넷 주소 등에 사용되기도 한다.

....

38   이를 영어로 'virgule' 혹은 'solidus'라고 부르기도 한다.

14.1.
'or'에 해당하는 의미로 사용될 때

다음과 같은 경우가 이에 해당한다.

Dear Sir/Madam

name of parent/guardian

he/she, his/her, him/her

Ask, "How can I be a better leader/boss/partner for you?"

It was the beginning of the successful speaking/consulting/coaching business I have today.

다음과 같이 사용되기도 한다.

boys and/or girls (이는 ① 'boys', ② 'girls', ③ 'boys and girls'의 3가지 가능성을 의미함)

Are you skeptical and untrusting of peers and/or people senior to you?

14.2.
연월일 표시의 경우

빗금은 다음과 같이 연월일을 약식으로 표시할 때도 사용된다.

8/12/2010 (August 12, 2010)

주의 연월일을 빗금으로 표시할 때 영국 영어와 미국 영어 간에 차이가 있다. 위에서 든 예는 미국 영어의 경우(즉 '월/일/연' 순서로 씀)이고, 영국 영어에서는 '일/월/연'의 순서로 쓴다. 즉 영국에서는 '2010년 8월 12일'을 '12/8/2010'로 쓰며, '8/12/2010'은 2010년 12월 8일을 의미한다.

14.3.
'per'의 의미일 때

다음에서와 같이 '당', 즉 'per'의 의미로 빗금이 사용되기도 한다.

km/h (= kilometers per hour)
m/h (= miles per hour)

14.4.
인터넷 주소에서

인터넷 주소에서도 빗금이 사용된다.

https://www.vangoghmuseum.nl/en
(네덜란드 암스테르담에 있는 'Vincent van Gogh Museum'의 인터넷 주소)

14.5.
방위 표시

다음에서와 같이 방위 표시를 할 때도 빗금이 사용된다.

The exact location of Washington, D.C., is 39˚N/77˚W.
(= 39 degrees north latitude and 77 degrees west longitude)

14.6.
기타 약어 표시에서

다음과 같은 약어의 경우에 빗금이 사용되기도 한다.

c/o (= in care of)
a/c (= account)

14.7.
시의 행 경계를 표시할 때

다음은 알프레드 테니슨의 "Flower in the Crannied Wall"이라는 시의 전문이다.

Flower in the crannied wall,
I pluck you out of the crannies,
I hold you here, root and all, in my hand,
Little flower—but if I could understand
What you are, root and all, all in all,
I should know what God and man is.

위의 시 첫 두 줄을 산문 속에서 인용할 때 "Flower in the crannied wall, / I pluck you out of the crannies"처럼 줄 경계에 빗금을 사용하는 것이 일반적 관행이다. 그리고 이때는 빗금 양 옆에 한 칸씩 띄우는 것이 원칙이다.

14.8.
분수 표시

다음에서와 같이 컴퓨터 자판에서 분수를 표시할 때 빗금이 사용되기도 한다.

2/3, 7/8

참고 3½ 등과 같은 대분수를 원고에서 작성할 때는 정수와 분수 사이에 한 칸을 띄운다 (즉 '3 1/2'로 표시함).

15.
같음표ditto marks

같음표(″)는 동일한 내용을 반복하지 않기 위해 사용하는 표시이다. 이것은 주로 표 등에서 사용하며, 일반 문장 내에서는 대단히 비격식체 문장이 아니면 잘 사용되지 않는다.

다음은 그 예이다.

Black pens, box of twenty £2.10
Blue　　 ″　　 ″　 ″　 ″　　 ..... £2.10

‘

4장

기타

,

이제까지 영어의 여러 구두점에 대해 살펴보았다. 본 장에서는 특별한 기호를 사용하는 것은 아니지만, 구두점과 유사한 역할을 한다고 할 수 있는 몇 가지 사항에 대해 살펴보기로 한다. 먼저 문단의 경계 표시를 하는 들여쓰기indentation에 대해 알아보고, 대문자쓰기capitalization와 기울림체italics 사용에 대해서도 알아보기로 한다.

1.
들여쓰기indentation

들여쓰기는 특별한 기호를 사용하는 것이 아니므로 구두점이라고 말하기 어려울지 모른다. 그러나 단어와 단어 사이를 띄어 쓰거나, 문장이 끝나는 지점에 마침표 등을 사용해야 하는 것처럼, 새로운 문단paragraph을 시작할 때는 반드시 들여쓰기를 해야 한다. 그런 의미에서 들여쓰기는 새로운 문단의 시작을 표시하는 중요한 기능을 한다고 할 수 있다. 글 맨 앞의 문단은 이미 첫 번째 문단임이 명백하므로 굳이 들여쓰기를 하지 않는 경우도 있다.

Preface

This book examines the extent to which the underlying linguistic competence of learners or speakers of a second language (L2) is constrained by the same universal principles that govern natural language in general. It is presupposed that there is an innately given Universal Grammar (UG), which constrains first language (L1) grammars, placing limits on the kinds of hypotheses that L1 acquirers entertain as to the nature of the language that they are acquiring. Assuming the correctness of this general approach, the question arises as to whether UG constrains grammars in non-primary language acquisition as well. This book will present and discuss research which investigates whether or not interlanguage grammars can be characterized in terms of principles and parameters of UG, and which explores the nature of interlanguage competence during the course of L2 acquisition, from the initial state onwards. It is hoped that the book will provide sufficient background for the reader to understand current research conducted within the framework of UG and L2 acquisition.

The generative perspective on L2 acquisition is sometimes dismissed because it has a rather circumscribed goal, namely to describe and explain the nature of interlanguage competence, defined in a technical and limited sense. Researchers whose work is discussed in this book do not seek to provide an all encompassing theory of L2 acquisition, or to account the role of performance factors, psychological processes and mechanisms, sociolinguistic variables, etc. In fact, it is doubtful whether there is any one theory that can achieve all this; certainly, no theory has succeeded so far.

It will be presupposed that the reader has some familiarity with the concepts and mechanisms assumed in current generative grammar, including the Government

Lydia White 지음 *Second Language Acquisition and Universal Grammar* (2003년 Cambridge University Press 발행) 서문의 일부. 제목 바로 아래 문단부터 들여쓰기를 하고 있다.

Preface

From Reader to Reading Teacher: Issues and Strategies for Second Language Classrooms is addressed both to those preparing to teach second language reading and to those already teaching reading. It will give the novice teacher thorough, detailed, practical information about methods, issues, and strategies for teaching reading. It will provide the experienced teacher with a broad theoretical basis for further developing effective methods and a flexible curriculum for a second language reading class. Although many exercises in the book have been designed for students in reading methodology classes, the book can also be used by individuals working alone to improve their skills at teaching second language reading.

Our basic assumption, as our book title indicates, is that all people who have learned to read can use their own experience as a foundation for developing the metacognitive awareness, strategies, and methods for teaching others to read in a second language. We use the image of a "learning spiral" to chart the process by which learners acquire, expand, and refine their knowledge. To do so, they review their own experience, reexamining it, and integrate new information. The Introduction elaborates upon this image, which reappears at various points in the book. Chapter 1 describes the basic elements of reader and text, and the interaction between reader and text, and Chapter 2 expands upon that base to encompass the factors

Jo Ann Aebersold & Mary Lee Field 지음 *From Reader to Reading Teacher: Issues and Strategies for Second Language Classrooms* (1997년 Cambridge University Press 발행) 서문의 일부. 제목 바로 아래 문단은 들여쓰기를 하지 않고, 두 번째 문단부터 들여쓰기를 하고 있다.

2.
대문자쓰기capitalization

영어에는 일부 단어의 첫 글자를 대문자로 쓰는 경우가 있는데 이를 대문자쓰기라고 한다. 대문자쓰기의 대표적인 예가 고유명사의 경우이다. 또 문장의 첫 단어를 대문자로 시작해야 함도 잘 알려진 예이다. 여기서는 영어 대문자쓰기를 구체적으로 살펴보기로 하겠다.

2.1.
일반 고유명사의 경우

2.1.1.
사람 이름

① 이름만 쓸 경우

사람 이름은 고유명사의 대표적 예에 속한다. 따라서 사람 이름은 대문자로 시작한다.

Donald Trump, Theresa May, Otto Jespersen, Noam Chomsky

주의 외국어 이름 중 'van', 'von', 'de' 등이 들어가는 이름은 이름과 성을 함께 쓸 때는 소문자로 시작한다. 그러나 이름 없이 성만 쓸 때는 이들을 대문자로 시작하기도 한다.

Vincent van Gogh

(cf. In April 1881, Van Gogh moved to the Etten country-side with his parents.)

Ludwig van Beethoven

Otto von Bismarck

Frederik Willem de Klerk

② **이름 앞에 직함title을 함께 쓸 경우**

직함을 이름 앞에 쓸 경우에는 직함도 대문자로 시작한다.

Pope Francis

Secretary of State John Kerry

President Xi Jinping

Prime Minister Shinzo Abe

③ **직함으로 이름을 대신할 경우**

직함으로 이름을 대신하는 경우에는 그 직함을 대문자로 시작한다.

In the morning, the President will meet with senior advi-sors in the Oval Office.

The Pope said he was "hurt" when he saw a priest or a nun driving the "latest model car," urging members of the clergy to "choose a more humble one."

*the President, the Pope처럼 정관사를 사용한다.
*그러나 직책이 일반 명사로 쓰일 때는 소문자로 시작한다. (예: Early popes helped to spread Christianity and resolve doctrinal disputes.)

④ 이름과 함께 다른 표현을 사용할 경우
William the Conqueror

Alexander the Great

 정관사 'the'는 대문자로 시작하지 않음

2.1.2.
장소 이름

① 나라 이름, 도시 이름, 지역 이름 등
나라 이름, 도시 이름 등과 같이 일반적 장소의 이름은 대문자쓰기를 한다.

Korea/ America/ Kenya/ Seoul/ Washington/ Sydney

나라보다 큰 단위의 지역 이름이나 한 나라 안의 주요 지역 이름은 대문자쓰기를 한다.

the Far East/ the Middle East/ the Western Hemisphere/ the West/ Southeast Asia/ Eurasia/ the North Pole/ the American West

② 다른 명사나 형용사 등과 함께 고유명사를 이루는 경우
다른 명사나 형용사와 함께 고유명사를 이루는 경우에는 그 명사나 형용사도 대문자쓰기를 한다.

나라 이름: the Republic of Korea/ the United States of America

사막, 강, 산 등 자연물 이름: the Sahara Desert/ the Seine River/ Mount Fuji/ the Pacific Ocean/ Lake Michigan

호텔, 운하, 다리, 도로 등 인공물 이름: the Hilton Hotel/ the Hotel California/ the Panama Canal/ Waterloo Bridge/ Lincoln Highway/ the Eiffel Tower

2.1.3.
학교 및 단체 이름
학교, 정당, 회사, 기구 등 이름도 대문자쓰기를 한다.

Thomas Jefferson High School for Science and Technology/

Pine View School/ Academic Magnet High School/
California Academy of Mathematics and Science/
School for the Talented and Gifted

the Republican Party/ the New Citizen's Party/
the Progressive Party of Vermont

Samsung/ Hyundai/ Google

The International Campaign to Ban Landmines (ICBL)/
Doctors Without Borders

the Federal Trade Commission/ the Department of Trans-
portation

2.1.4.
출판물 및 예술 작품 이름

책 이름, 잡지 이름 등 출판물 이름과 음악, 미술 등의 작품 이름들
도 대문자쓰기를 한다.

책 제목: *Crime and Punishment*

Wuthering Heights

Moby Dick

Gulliver's Travels

The Adventures of Huckleberry Finn

Brave New World

Dr. Jekyll and Mr. Hyde

The Great Gatsby

War and Peace

All Quiet on the Western Front

잡지 이름: *Time*

Newsweek

Vogue

영화 제목: *The Magnificent Seven*

Casablanca

High Noon

The Terminator

Dead Poets Society

시 제목: "The Road Not Taken"

"Annabel Lee"

음악 작품 이름: 교향곡 *Eroica*

오페라 *La Traviata*

소나타 "Moonlight"

미술 작품 이름: 회화 *The Angelus* (만종)

조각 *The Thinker* (생각하는 사람)

책 제목 등과 관련해 대문자쓰기를 할 때는 다음과 같은 규칙을 지켜야 한다.

1. 제목(부제 포함)의 맨 처음 단어는 대문자로 시작한다.

2. 다음 품사에 해당하는 단어들은 대문자로 시작한다.
     명사, 대명사, 동사, 조동사, 형용사, 부사, 종속접속사

3. 다음 품사의 단어들은 제목의 맨 앞에 나오지 않는 한 소문자로 시작한다.
     관사, 등위접속사, 전치사

4. 전치사 중 5글자 이상으로 이루어진 전치사는 대문자로 시작한다 (예: about, towards, without 등). 그런데 이 규칙을 따르지 않고 전치사는 모두 소문자로 시작하는 경우도 있다.

2.1.5.
상표 이름

상표 이름도 고유명사이므로 대문자쓰기를 한다.

Coke/ Kleenex/ Xerox

주의 고유명사라 하더라도 보통명사나 일반동사로 사용되는 경우에는 소문자로 시작하기도 한다.

2.1.6.
요일, 달 이름

요일, 달 이름은 대문자쓰기를 한다. 그러나 계절 이름은 대문자쓰기를 하지 않는다.

Sunday/ Monday 등

January/ February 등

(cf. spring/ summer 등)

2.1.7.
축제, 명절 이름

축제나 명절 이름도 대문자쓰기를 한다.

Christmas/ Easter/ Thanksgiving Day/ the Fourth of July/ Memorial Day/ Veterans Day/ Valentine's Day/ Labor Day

고유명사뿐 아니라 고유명사에서 파생한 어휘도 대문자로 시작한다 (예: Korean, Elizabethan, New Yorker 등).

2.2.
문장의 첫머리에서

잘 알려진 바와 같이 문장의 첫머리에 나오는 단어를 대문자로 시작한다. 그러나 여기에서도 유의할 점이 있다.

2.2.1.
일반 문장의 경우

영어에서 새 문장을 대문자로 시작한다는 것은 잘 알려진 사실이다. 그런데 다음과 같은 경우에는 어떻게 될까?

> Letters in the English language may be classified as vowels and consonants. *A, e, i, o,* and *u* are the principal vowels.

대문자 'A'가 모음이라는 것일까? 논리적으로만 생각하면 위의 문장에서 대문자 'A'는 소문자 'a'로 써야 한다. 그러나 그것은 영어에서 새로 시작하는 문장의 첫머리는 대문자로 써야 한다는 규칙과 상충을 일으킨다. 물론 이런 경우는 극히 예외적이므로 큰 문제는 아니라고 할 수 있다.

또한 괄호 안에 새로운 문장을 삽입하는 경우에는 마침표를 어느 위치에 사용하느냐에 따라 대문자쓰기와 관련해 다음과 같은 차이가 나타난다 (cf. 3장 12절).

> UG now is construed as the theory of human I-languages (see Chomsky (1986)).

UG now is construed as the theory of human I-languages.
(See Chomsky (1986).)

즉 마침표를 사용하기 전에 괄호를 제시하면, 괄호 안 문장의 첫 단어를 대문자로 쓰지 않으며 괄호 안 문장의 끝에 마침표 등의 문장 종결 부호를 사용하지도 않는다. 그러나 마침표를 사용한 후 괄호를 제시하면, 괄호 안 문장의 첫 단어는 대문자로 쓰고, 괄호 안 문장 마지막에는 마침표 등 문장 종결 부호를 사용한다.

2.2.2.
직접 인용문의 경우

직접 인용문의 경우에도 다음에서 보는 바와 같이 대문자로 시작한다 (cf. 3장 5절).

When he said this, he called out, "He who has ears to hear, let him hear." (Luke 8:8, NIV)

2.3.
기타 주목할 만한 용법

언뜻 일반 고유명사의 범주에 속하지 않는 것으로 생각될 수 있는 경우에도 대문자쓰기를 하는 경우가 있다.

2.3.1.

역사적 사건이나 시기, 역사적 문헌을 지칭하는 경우

역사적 사건historical events나 역사상 시기 및 역사적 문헌을 나타
내는 표현은 대문자쓰기를 한다.

역사적 사건: the Reformation/ the French Revolution/
the Glorious Revolution/ the Louisiana Pur-
chase/ the Industrial Revolution/ the Civil
War/ the Battle of Gettysburg/ World War
II/ the Korean War

역사상 시기: the Ice Age/ the Paleolithic Age/ the Middle
Ages/ the Renaissance/ the Great Depres-
sion/ the Age of Reason/ the Age of Enlight-
enment/ the Information Age

역사적 문헌: the Bill of Rights/ the Declaration of Inde-
pendence/ the Emancipation Proclamation/
Magna Carta

The Industrial Revolution started in Britain and spread to
the United States.

During the Era of Good Feelings, conflict between politi-
cal parties declines.

Magna Carta was granted by King John during the Middle
Ages.

2.3.2.
학수 번호의 경우

대학에서 개설하는 강좌의 학수 번호나 강좌 명칭은 대문자쓰기를 한다.

> Physics 14A/ Geometry 26D/ Linguistics 301/ Chemistry 342

그러나 일반 과목을 의미할 때는 대문자쓰기를 하지 않는다 (예: an algebra course). 다음의 예는 이 차이를 보여준다.

> He is interested in science, especially biology, and plans to study Biology 1 next year.

위의 문장에서 앞의 'biology'는 일반 과목을 의미하므로 대문자쓰기를 하지 않았으나, 뒤의 'Biology 1'은 특정 강좌의 의미로 사용되었으므로 대문자쓰기를 한 것이다.

2.3.3.
종교적 신앙의 대상이나 경전의 경우

종교적 신앙의 대상을 나타내는 명사는 대문자로 시작한다.

> God, Buddha, Allah

뿐만 아니라 그러한 대상을 가리키는 다른 표현이나 대명사도 대문자로 시작한다.

the Almighty, the Creator, the Messiah[1]

종교 자체나 교파denomination, 혹은 종교적 경전의 경우도 대문자로 시작한다 (형용사형도 마찬가지임).

Christianity, Catholicism, Presbyterianism, Jehovah's Witnesses, Buddhism, Hinduism, the Bible, the Koran, the Torah

2.3.4.
편지 시작 및 마침 인사말에서

편지의 시작 인사말salutation에서는 첫 단어 및 명사는 모두 대문자쓰기를 한다.

Dear Sir/ My dear Sir[2]/ Dear Prof. Chomsky/ Dear Mr. President

그러나 마치는 인사말complimentary close에서는 첫 단어만 대문자쓰기를 한다.

Sincerely yours (cf. Sincerely Yours가 아님)/ Yours sincerely/ Very truly yours

....

1   이러한 표현들을 대명사로 받을 때도 'He', 'His' 등처럼 대문자로 시작한다.
2   'dear'는 명사가 아니므로 대문자로 시작하지 않는다.

2.3.5.
시의 각행

　시의 각행은 문장 여부와 관계 없이 대문자로 시작하는 것이 일반적이다.

My Heart Leaps Up

　My heart leaps up when I behold
　A rainbow in the sky:
　So was it when my life began;
　So is it now I am a man;
　So be it when I shall grow old,
　Or let me die!
　The Child is father of the Man;
　And I could wish my days to be
　Bound each to each by natural piety.

　그러나 작가에 따라 이러한 형식을 따르지 않는 경우도 있다.

2.3.6.
가족 관계를 나타내는 명사의 경우

　‘daddy’, ‘mom’, ‘father’, ‘mother’, ‘grandfather’, ‘grandmother’ 등처럼 가족 관계를 나타내는 명사를 자신의 가족이라는 의미로 사용할 때는 관사나 소유격 없이 대문자쓰기를 할 수 있다.

My daddy can do anything. vs

I wonder what Dad would have thought about that.

2.3.7.
일인칭 단수 대명사 'I'의 경우

그리고 잘 알려진 바와 같이 일인칭 단수 대명사 'I'의 경우는 항상 대문자로 쓴다.

참고 1 일반적으로 감탄사는 문장의 첫머리에 나올 때만 대문자쓰기를 한다. 그러나 'O'의 경우는 문장 중간에 나오더라도 대문자로 쓴다 (cf. 3장 3.4절).

You are, O my fair love, a burning fever; O my gentle love, embrace me.

참고 2 질문이 연속적으로 나올 때, 모든 질문이 완전한 문장 형식으로 되어 있으면, 당연히 각 질문의 첫 글자는 대문자로 쓴다. 그러나 이어지는 질문이 완전한 문장 형식이 아닐 때는 각 질문을 대문자로 시작할 수도 있고, 소문자로 시작할 수도 있다. 중요한 것은 일관성을 유지하는 것이다.

What facial features would most people like to change?
Eyes? Ears? Nose?
(cf. What facial features would most people like to change? eyes? ears? nose?)

목록의 각 항목을 줄을 바꾸어 소개할 때, 각 항목이 완전한 문장이 아닐 때는 해당 항목의 첫 글자를 대문자로 쓸 수도 있고, 소문자로 쓸 수도 있다. 이때도 역시 중요한 것은 일관성을 유지하는 것이다.

> We found three reasons for the delay:
>   1. Bad weather held up delivery of materials.
>   2. Poor scheduling created confusion.
>   3. Improper machine maintenance caused an equipment failure.
> (cf. The reason for the delay were
>   1. bad weather,
>   2. poor scheduling, and
>   3. equipment failure.)

3.
기울임체italics

영어 글을 읽을 때 간혹 기울임체(이탤릭체)로 표시된 부분을 접하는 경우가 있다. 이때 기울임체로 표시된 의미를 이해해야 글쓴이의 의도를 제대로 파악할 수 있다. 영어로 글을 쓸 때도 일반적인 관행에 따라 기울임체 표시를 해야 오해를 막을 수 있다 (cf. 1장 1.6절).

3.1.
책, 신문, 잡지 등 출판물의 제목

영어 글 안에서 책, 신문, 잡지 등 출판물의 제목을 등장시킬 때는 대문자쓰기와 함께 기울임체 표시를 하는 것이 일반적인 관행이다.

She bought me the motivational book *The Magic of Thinking Big*, by David Schwartz, hoping it would help me feel less depressed. (책 이름)

The New York Times is an American daily newspaper founded and continuously published in New York City since 1851. (신문 이름)

🔍 참고 성서the Bible나 성서 각 권의 이름(예: Matthew, Romans 등)은 일반적으로 기울임체 표시를 하지 않는다 (예: What does the Bible say about abortion?).

3.2.
연극, 오페라, 영화, 교향곡, 조각 등 예술 작품의 제목과 방송 프로그램의 이름

영어 글 안에서 다음과 같은 예술 작품의 이름이나 방송 프로그램의 이름을 등장시킬 때는 대문자쓰기와 함께 기울임체 표시를 한다.

Death of a Salesman (희곡/연극의 제목)

La Traviata (오페라 제목)

Charlie Chaplin's *Modern Times* (영화 제목)

Eroica (교향곡 이름)

The Angelus (미술 작품 이름)

The Thinker (조각 작품 이름)

Tonight Show (방송 프로그램 이름)

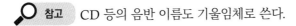 **참고** CD 등의 음반 이름도 기울임체로 쓴다.

To honor the twentieth anniversary of his death, RCA released a four-volume CD, *Elvis Presley Platinum: A Life in Music.*

3.3.
해당 글자나 단어 자체를 지칭할 때

해당 글자나 단어 자체를 지칭할 때 기울임체를 사용한다. 기울임체로 표시된 영어 단어를 우리말로 번역할 경우에는 영어 단어를 그대로 사용하는 것이 자연스러울 때도 있다 (cf. 1장 1.6절).

the letter *x*

Your *l*'s look exactly like *t*'s.

Relative clauses are introduced by *who*, *which*, or *that*.

The giant earthquake-generated wave, called a *tsunami*, travels at speeds of over 700km/hr.

For example, many black Americans, particularly young people, prefer the term *African-American* instead of *black*, to identify with their African heritage.

It is essential to become familiar with two words in order to understand the meaning of *business* to Americans; they are *private* and *profit*.

The limit to how much stress a material can absorb is called its *elastic limit*.

The word *evangelist* comes from a Greek word, meaning "one who announces Good News."

3.4.
강조할 때

　문장 내 어떤 부분을 강조하고자 할 때 해당 부분을 기울임체로 표시한다.

I will do my job *if* you do yours.

What *is* the globalization that is in contention?

What people do *not* say is as important as what they say.

Now *there* is enlightened self-interest for you.

Complete this checklist *before* having an important conversation with your boss, peers, or subordinates.

Do not judge and criticize. Your focus is to understand what the individual is feeling and not assess whether or not he or she *should* have these feelings.

Focusing on changing others does not solve the problem. In fact, this *is* the problem—you're thinking it is they not you.

I realized *in my heart* that I wasn't living the way I wanted to be remembered.

대조적으로 쓰인 표현도 강조의 의미를 띠게 되므로 기울임체로
표시할 수 있다.

What causes the gap between *your* direction and *their* im-
plementation and execution?

That this *may* happen is surely correct. That it *must* hap-
pen is incorrect.

The technician to fix your problem has to be here doing it
for you, rather than doing it *with* you from overseas.

3.5.
외국어 어휘 및 표현의 경우

영어 글 안에 스페인어, 프랑스어 등의 외국어 어휘나 표현을 사용
하는 경우에는 기울임체로 표시한다.

An old man touched my shoulder, said *con permiso*,[3] and
took small steps to get past me to the box on our left.

....

3 "Con permiso"는 "Excuse me"에 해당하는 스페인어임.

Psychologists are interested in the phenomenon of *déjà vu*.

The *Rathaus* (city hall) is in the center of town.

That was a *pro bono* legal brief.[4]

3.6.
배, 기차, 비행기, 우주선 이름

배, 기차, 비행기 및 우주선 등의 이름도 기울임체로 쓴다. 다음은 그 예이다.

In August 1915 two Americans died when a German submarine sank the *Arabic*, another British liner. Then in March 1916 the French passenger vessel *Sussex* was attacked, injuring several Americans. (배 이름)

In 1957, the Soviets put the first satellite, *Sputnik*, into space. (우주선 이름)

In 1979, two *Voyager* spacecraft (*Voyager 1* and *Voyager 2*)

....

4 외국어 표현 중 일반화된 것은 영어화된 것으로 보고 기울임체로 쓰지 않는 경우도
   있다 (cf. Shaw p. 100). 특히 'etc', 'e.g.', 'i.e.' 등처럼 라틴어 표현이라도 일반화된
   것은 기울임체로 쓰지 않는다.

flew past Jupiter. (우주선 이름)

3.7.
소송 사건legal cases을 인용할 때

소송 사건을 인용할 때도 기울임체가 사용된다. 이때 소송 당사자들의 이름만 기울임체로 쓰고 'versus'를 의미하는 'v.'는 기울임체로 쓰지 않는 경우도 있으나, 오늘날에는 'v.'를 포함한 전체 표현을 기울임체로 쓰기도 한다.

John Doe v. Jane Doe

In May 1954, the U.S. Supreme Court ruled in *Brown v. Board of Education* that school segregation was unconstitutional.

Oracle America, Inc. v. Google, Inc. was a dispute related to Oracle's copyright and patent claims on Google's Android operating system.

참고로 다음 글에서 기울임체 등 기타 주요 구두점 사용에 대해 알아보면 다음과 같다.

9
A Skill Set Called Leadership

Like countless American nerds born in 1960, I spent part of my childhood dreaming of being Captain James T. Kirk, commander of the Starship *Enterprise*. I didn't see myself as Captain Pausch. I imagined a world where I actually got to *be* Captain Kirk.

For ambitious young boys with a scientific bent, there could be no greater role model than James T. Kirk of *Star Trek*. In fact, I seriously believe that I became a better teacher and colleague—maybe even a better husband—by watching Kirk run the *Enterprise*.

Think about it. If you've seen the TV show, you know that Kirk was not the smartest guy on the ship. Mr. Spock, his first officer, was the always-logical intellect on board. Dr. McCoy had all the medical knowledge available to mankind in the 2260s. Scotty was the chief engineer, who had the technical know-how to keep that ship running, even when it was under attack by aliens.

Randy Pausch 지음 *The Last Lecture* (2008년 Hyperion Books 발행) p. 43.

첫 번째 문단: 들여쓰기하지 않음 (제목 바로 밑 문단은 굳이 들여쓰기 하지 않아도 됨)

첫 번째 문단 2-3행의 'Captain James T. Kirk': 이름 앞의 직함도 대문자쓰기함

첫 문단 3행의 '*Enterprise*': 우주선 이름이므로 기울임체 및 대문자쓰기를 함

첫 문단 5행의 '*be*': 강조의 의미이므로 기울임체 사용

두 번째 문단 2-3행의 '*Star Trek*': TV 시리즈 제목이므로 기울임체 및 대문자쓰기를 함

두 번째 문단 4행의 "maybe even a better husband": 삽입 요소이므로 양 옆에 긴덧금 사용

세 번째 문단 3행의 'always-logical': 복합어로 뒤에 나오는 'intellect'를 수식하므로 덧금 사용

세 번째 문단 5행의 '2260s': 과거에는 '2260's'처럼 올린쉼표를 사용하였으나 최근에는 사용하지 않음

참고문헌

교육부 (1998) 『제7차 교육과정: 외국어과 교육과정 (I)』, 대한교과서주식회사.

교육부 (2007) 『외국어과 교육과정 (I) [별책 14]』, 대한교과서주식회사.

김정수 (2006) 「구두점 교육 실태에 관한 연구」, 경희대학교 교육대학원 석사 논문.

최현배 (1937/1984) 『우리말본』, 정음문화사.

한학성 (2007) 영어교육적 관점에서 본 구두점의 의미와 문법적 역할. 『영미연구』 제17집, pp. 259-281.

Allen, Robert (2002) *Punctuation*, Oxford University Press.

Bassnett, S. (1991) *Translation Studies*, revised edition, Routledge.

Haley-James, S, and J. W. Stewig (1988) *English*, Houghton Mifflin Company.

Jespersen, O (1933/1956) *Essentials of English Grammar*, George Allen & Unwin Ltd.

Leggett, G., C. D. Mead, and M. G. Kramer (1991) *Handbook for Writers*, 11th ed., Prentice Hall.

Shaw, Harry (1986) *Punctuate It Right*, Harper Perennial.

Troyka, L. Q., and D. Hesse (2007) *Handbook for Writers*, 8th ed., Pearson.

찾아보기

깊고 더한
영어 구두점의 문법

1판 1쇄 펴낸날 2017년 3월 30일
1판 2쇄 펴낸날 2020년 5월 30일

지은이 한학성

책만듦이 오세진 책꾸밈이 이한희

펴낸곳 채륜 펴낸이 서채윤
신고 2007년 6월 25일(제2009-11호)
주소 서울시 광진구 자양로 214, 2층(구의동)
대표전화 1811.1488 팩스 02.6442.9442
E-mail book@chaeryun.com Homepage www.chaeryun.com

ⓒ 한학성. 2017
ⓒ 채륜. 2017. published in Korea

책값은 뒤표지에 있습니다.
ISBN 979-11-86096-45-1 93740

잘못된 책은 바꾸어 드립니다.
저작권자와 출판사의 허락 없이 책의 전부 또는 일부 내용을 사용할 수 없습니다.
저작권자와 합의하여 인지를 붙이지 않습니다.

이 도서의 국립중앙도서관 출판예정도서목록(CIP)은 서지정보유통지원시스템 홈페이지(http://seoji.nl.go.
kr)와 국가자료공동목록시스템(http://www.nl.go.kr/kolisnet)에서 이용하실 수 있습니다. (CIP제어번호 :
CIP2017006319)

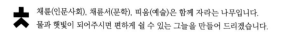

채륜(인문사회), 채륜서(문학), 띠움(예술)은 함께 자라는 나무입니다.
물과 햇빛이 되어주시면 편하게 쉴 수 있는 그늘을 만들어 드리겠습니다.